Gebrauchsanweisung fürs Gärtnern

Gabriella Pape

Gebrauchsanweisung fürs Gärtnern

PIPER

Mehr über unsere Autoren und Bücher:
www.piper.de

Für all jene, die es mir ermöglicht haben, diesen großartigen Weg durch die Welt der Gartenkultur gehen zu dürfen

FSC www.fsc.org
MIX
Papier aus verantwortungsvollen Quellen
FSC® C083411

ISBN 978-3-492-27715-0
4. Auflage 2021

Redaktion: Margret Trebbe-Plath, Berlin
Satz: Fotosatz Amann, Memmingen
Druck und Bindung: CPI books GmbH, Leck
Printed in the EU

Inhalt

Einleitung

Es ist nicht der Mensch, der den Garten gestaltet, es ist der Garten, der den Menschen gestaltet.

Ob mein Leben tatsächlich so geworden ist, wie ich es mir einst vorgestellt habe, kann ich nicht sagen, aber mit dem, wie es heute ist, bin ich sehr glücklich. Das Gärtnern hat mir auf faszinierende Art und Weise beigebracht, dass Zuversicht, Ausdauer und Mut erlernbar sind; sie entspringen sozusagen der Geduld und der Demut, die das Gärtnern uns abverlangt. Deshalb bin ich auch der festen Überzeugung, dass fast alles, was mir im Leben so passiert ist, Angebote aus dem Universum waren, auf die ich mich dann einfach eingelassen habe.

Aus dem Bauch heraus wollte ich sehr jung – mit 15 Jahren – die Schule verlassen und Gärtnerin werden, und mit der gleichen Überzeugung und dem gleichen Bauchgefühl bin ich dann zwei Jahre später wieder in die Schule zurückgekehrt. Der Weg nach England war keineswegs mein Traum oder von meinen Eltern vorbestimmt; es war ein glücklicher Zufall, dem ich mich 22-jährig anvertraut habe. An den größten botanischen Garten der

Welt zu gehen, hätte ich mir nie zugetraut, aber es gab im richtigen Moment die richtigen Menschen, um diesen Schritt zu wagen. Von Kew Gardens sehr jung in die Selbstständigkeit zu wechseln war für mich der einzig mögliche Weg, mein gerade erst erworbenes Selbstverständnis auf Stabilität zu testen. Es hat standgehalten. Bis heute habe ich eine unbändige Lust auf Leben und Zukunft, und mein wichtigster Begleiter, wo immer ich bin, ist der Garten. Er trägt meine Kraft, gibt mir Mut und kaum zu zügelnde Zuversicht.

Erst über die Jahre bin ich mir darüber klar geworden, dass mein größter Schatz mein Wissen um die Natur ist. Sie hat mich nicht nur Geduld, Demut und Zuversicht gelehrt, sondern mir vor allem beigebracht zu vertrauen. Manchmal gehen Dinge und das Leben schief, da kann man sich drehen und wenden, und nichts wird so, wie man es sich vorgestellt hat. Der Gärtnernde ist dafür gewappnet, denn im Garten geht nie etwas glatt, und wenn doch einmal etwas gleich von Anfang an klappt, sollte dieser Moment ausgiebig genossen werden, denn er wird nicht bleiben. Das Motto des Gartens ist »es wird« und »es war«, und wenn es nichts wird, hat man immer noch die Chance, dass es vielleicht im nächsten Jahr doch noch funktioniert.

Das erinnert mich daran, dass die Engländer, wenn man ihre Gärten besucht, grundsätzlich behaupten, man sei entweder eine Woche zu früh oder eine Woche zu spät dran. Völlig unabhängig von der Jahreszeit wird man in jedem Garten entweder mit den Worten: »*So sorry, you should have been here last week*« empfangen oder mit dem Satz: »*So sorry, I think you are a week too early to see the garden at its best.*« Beide Aussagen kommen aufs Gleiche raus: Es geht um das ständige Streben nach dem perfekten Garten. Die Zähmung des Biestes. Wobei ich Ihnen versichern kann: Das

Biest ist nicht zu zähmen, den perfekten Garten gibt es nicht – und genau das ist die Herausforderung.

Der Garten ist wie das richtige Leben: Er hört nicht auf einen und widerspricht regelmäßig, auch wenn man sich noch so viel Mühe gibt. Sich Mühe geben ist zwar eine unserer erlernten Tugenden, dem Garten aber ziemlich egal, denn wer bei all seinen Bemühungen die Jahreszeiten nicht mit bedenkt, wird ohne Vorwarnung vom Garten abgestraft. Die Natur und der Garten hören nämlich vor allem auf eine Naturgewalt: die Jahreszeiten, und wer glaubt, dass er/sie erfolgreich gärtnern könnte, ohne auf sie Rücksicht zu nehmen, der wird den Garten als Schwerstarbeit empfinden.

Mein wichtigster Leitsatz für meine Gestaltungen ist: Der Garten hat die Aufgabe, die Seele durch das Jahr zu tragen. Das bedeutet, dass er zu jeder Jahreszeit etwas ganz Besonderes, für die Jahreszeit Typisches zu bieten hat, damit die Seele schon beim Blick aus dem Küchenfenster morgens weiß: Ah, es ist Herbst oder Sommer oder Frühling – das kann allerdings nur erleben, wer nicht in einem Koniferengarten wohnt.

Ich werde mich in diesem Buch entlang der vom Gärtner anerkannten sieben Jahreszeiten hangeln, um Ihnen zu vermitteln, wie lebenswichtig die Jahreszeiten für den Garten und den Gärtnernden sind. Auch wenn den meisten Menschen vier Jahreszeiten genügen, hat bereits der bekannte Gärtner und Gartenphilosoph Karl Foerster (1874–1970) diese Aufteilung für den Garten als völlig ungenügend befunden. Die Natur – also die Flora und Fauna – wird nämlich von einer Vielzahl von Kräften bestimmt, und dabei ist die Hauptkraft die Sonne oder vielmehr die Tageslänge. Während der Mensch viel Zeit damit verschwendet, gegen diese Kräfte anzugehen, indem er im Winter den Tag mit Kunstlicht verlängert und im Sommer durch Verdunkelung verkürzt, lebt die Natur jede kleine dieser Veränderungen. Diese Nuancen des Lichts sind es, die dem Gärtnernden einen ganz anderen Zugang zum Garten und der Natur geben, denn – und hier stimmt das Sprichwort »Der frühe Vogel fängt den Wurm« – wer die Möglichkeit hat, seinen Garten intensiv zu beobachten, wird feststellen, dass es viel mehr Jahreszeiten gibt als die vier gängigen. Das Licht verändert die Natur nämlich bereits viel früher, als es sich die meisten Menschen bewusst machen, wahrscheinlich weil sie einen Großteil des natürlichen Tages verschlafen. Ich zum Beispiel bin, wie so viele andere auch, kein Fan der langen Winter in Berlin, freue mich aber im Gegensatz zu ihnen jedes Jahr ungemein auf den 21. Dezember. Denn das ist der kürzeste Tag im Jahr, und spätestens in den ersten zwei Januarwochen kann ich dann die Lichtveränderung wahrnehmen und trotz Kälte merken, dass die Natur sich wandelt. Fast alle Pflanzen auf unserem Planeten – übrigens auch Hauspflanzen – sind fototrophisch, was vereinfacht bedeutet, dass sie ohne Licht nicht funktionieren, und deshalb beeinflussen die sich ständig ändernden Lichtverhältnisse, jeder Tag, den die Sonne länger oder kürzer scheint, die Vegetation.

Ich kann nur jedem Gärtner raten, sich ein wenig mehr Wissen zu diesem Thema anzueignen für einen leichteren Umgang mit dem Garten und ein besseres Verständnis der Pflanzen. Denn man mag zwar wissen und bestimmen, wann eine Pflanze in die Erde kommt, und sich wünschen, dass es ihr dort gefällt, aber letztendlich werden so viele andere Faktoren auf sie Einfluss nehmen, dass gärtnern zu *können* zweitrangig ist. Gärtnern zu *wollen* ist nämlich viel wichtiger, für die Pflanze und den Gärtnernden. Da spielt auch der grüne Daumen eine Rolle, der allerdings nicht nur denen geschenkt wird, die ihn begehren, sondern willkürlich verteilt wird. Und niemand weiß, ob er ihn hat oder nicht, bis man es ausprobiert. Vielleicht haben auch Sie ihn, und er schlummert ganz ungenutzt in Ihren Händen?

Wer »gärtnert« und nicht »im Garten arbeitet«, hat eine wesentlich größere Chance, erfolgreich sein Stückchen Land in eine Oase zu verwandeln, denn wer aus einer Last eine Tätigkeit macht, der hat den ersten Schritt geschafft, das Gärtnern ins alltägliche Leben zu integrieren – schließlich kochen Sie ja auch und gehen nicht in der Küche arbeiten. Im Übrigen kann man sehr gut fühlen und hören, ob es den Pflanzen gefällt, was man da macht. Rasenmähen und Laubblasen werden von vielen Menschen als Last und somit als Arbeit empfunden, und wer häufig ganztägig mit lauten Maschinen durch den Garten rast, kann von der Natur nur enttäuscht werden. Wer weniger Rasen hat, muss sich auch nicht so viel Sorgen ums Laub machen, denn in den Beeten kann viel liegen bleiben.

Ich habe das große Privileg, schon seit mehr als fünfzig Jahren gärtnern zu dürfen, und kann mit absoluter Sicherheit sagen, dass sich die Aufgaben im Garten jahrein, jahraus regelmäßig wiederholen, ohne dabei jemals monoton zu werden. Von welcher Beschäftigung kann man das schon sagen! Ganz genau vermag ich dieses Phänomen nicht zu erklären, ich bin mir aber sicher, dass alle (oder fast alle) Menschen, die schon lange gärtnern, es bestätigen werden. Im Gegensatz zum Abwaschen oder Staubsaugen ist beispielsweise Unkrautjäten absolut erfüllend. Ich habe selbst diese Tätigkeit immer als Pionierarbeit empfunden: Ich befreie andere Mitstreiter von kampflustigen Nachbarn und Nachbarinnen. Außerdem lüftet es den Boden (sorgt ab und an allerdings auch dafür, dass sich das ungewollte Kraut fröhlich vermehrt und aussät), und ich bin dabei in absoluter Tuchfühlung mit der Natur. Bei keiner anderen Tätigkeit kann ich so viel nachdenken und meinen Gedanken allen Freiraum zur Kreativität lassen. Unkrautjäten bedeutet, mit den Händen und der Nase dicht an den Pflanzen zu sein; es bedeutet, dicht am Ort des ewigen Anfangs zu sein.

Aus dieser unserer Erde wächst alles, was der Mensch zum Leben braucht. Leider ist ihm das immer öfter gar nicht klar, und es überwiegt dann die Wut auf all das Zeug, das man ungewollt im Garten findet: den Giersch, der eigentlich nur ein Zeichen von Vernachlässigung des Gartens ist, und die Ackerwinde, eigentlich eine sogenannte Zeigerpflanze, zeigt sie uns doch, dass der Boden zu verdichtet ist. Das Gleiche gilt für den Ackerschachtelhalm. Die Brennnessel wiederum weist auf sehr guten, gesunden Gartenboden hin; der Löwenzahn dagegen ist eher ein Vernachlässigungskraut, das auf verdichteten Böden wächst, als ein vom Teufel geschicktes Monster.

Zwei Dinge sollte man über Löwenzahn wissen. Erstens: nie bei Trockenheit versuchen ihn zu ziehen, sondern am besten wenn es regnet oder wenn es gerade geregnet hat. Bei Trockenheit krallt er sich förmlich im Boden fest, bei Regen aber entspannt er sich, und man bekommt die Wurzeln ohne Murren aus dem Boden. Es ist sozusagen die Entspannungsphase des Löwenzahns, die man ausnutzen sollte. Zweitens: den Löwenzahn nie auf den Komposthaufen werfen, auch nicht, wenn seine Blüten noch gar nicht ganz aufgeblüht sind, also noch keine Pusteblume entwickelt haben. Er gehört nämlich zu einer der wenigen Pflanzen, die einen schlauen Mechanismus entwickelt haben: die Nachreife (eigentlich eine Art Frühreife), die es der Pflanze ermöglicht, Saat ohne jegliche Bestäubung zu bilden. Die Saat reift sozusagen nach, und dies ganz fröhlich auf dem Komposthaufen, wenn Sie sie frisch gestochen dorthinwerfen. Da passt der schöne Lieblingssatz von Marianne Foerster, Gärtnerin wie ihr Vater Karl Foerster: »Wenn der Gärtner schläft, sät der Teufel Unkraut.«

Gardening, wie die Engländer es seit jeher nennen, ist ein sozialisierendes und vor allem solidarisierendes Thema. Es vermittelt zwischen den Menschen – ob alt und reich oder jung und arm, vom Garten werden alle gleich behandelt, hier stehen alle vor derselben Herausforderung: der Natur. Alles Materialistische interessiert den Garten nicht. Man kann mit viel Geld viel für den Garten kaufen, doch die Natur lässt sich nicht bestechen; ihr Interesse gilt nicht den materiellen, sondern den inneren Werten. Im Garten kann man sich weder Zeit noch Liebe erkaufen, wer seinen Garten nicht liebt und pflegt, wird scheitern. *Time is money*, heißt es so schön, aber Zeit heißt auch Garten. Wer seinem Garten mehr Zeit widmet, wird reich von ihm beschenkt.

Vorfrühling: Ende Februar bis Ende April oder Fastnacht bis späte Ostern

Woran merkt ein Gartenbesitzer, der Hilfe braucht, dass Frühling ist? Er bekommt keinen Gärtner! Jedes Jahr das gleiche Dilemma. Kaum wächst der erste Halm oder die Forsythie blüht, haben die Menschen Hummeln im Hintern und rasen los, als ob es schon morgen keine Blumen mehr gibt, wo's doch auch schon keine Gärtner mehr gibt.

Nun würde ich vorschlagen, noch einmal zurückzuspulen, auf die Auspflanzung des Weihnachtsbaumes zu verzichten und die ekligen Monate Januar und Februar, also den Winter, dazu zu verwenden, das Gartenjahr zu planen und schon mal den Gärtner zu buchen. Das nämlich machen die Engländer: Sie sitzen gemütlich im ledernen Ohrenbackensessel am Kamin – natürlich mit einem Glas Whisky, kann auch Rotwein sein – und planen ihr Gartenjahr. Dieses Ritual habe ich aus England mitgebracht und mir genau aus diesem Grund auch einen kleinen Holzofen eingebaut. Dort sitze ich an den hässlichen Tagen bei gemütlichem Licht und wälze Blumen- und Kräutersamenkataloge, deren Abbildungen Hoffnung aufs kommende Jahr aufflackern lassen. Bei so vielen Blumen und Blüten tanzen nicht nur die Flammen im Feuer, sondern auch meine Zuversicht. Ich bestelle Sträucher, die ich nicht brauche, und Stauden, die ich nicht kenne, und manchmal, aber nur ganz selten frage ich meine Mitbewohner um Erlaubnis.

Ist das schön, damit kann man Wochen verbringen, Sie sollten es mal probieren! Hier ein paar tolle Adressen mit schönen Webseiten, die zum Stöbern geeignet sind: Gaißmayer für Stauden (immer ein paar Neuheiten bestellen!) und tolle Beschreibungen, dafür braucht man schon ein paar Tage: www.gaissmayer.de; dann Rühlemann's für Kräuter – mir ist keine andere Kräutergärtnerei in Europa bekannt, die solch ein Sortiment hat und alle Pflanzen auch verschickt: www.kraeuter-und-duftpflanzen.de. Ich bin immer wieder fasziniert, was man alles essen kann! Für Blumen- und Gemüsesamen gibt es ganz viele deutsche Firmen in Erfurt, die schöne Kataloge haben, aber auch ein Blick nach England lohnt sich wie zum Beispiel zu Thompson & Morgan (www.thompson-morgan.com) und für Fortgeschrittene zu Chiltern Seeds (www.chilternseeds.co.uk).

Wenn all diese schönen Dinge, die sie in den Monaten Januar und Februar bestellt haben, im März bei Ihnen einflattern, ist zwar der Vorfrühling schon in vollem Gange, aber das Problem mit dem Gärtner noch immer nicht gelöst. Fazit: Auch der Gärtner sollte fairerweise bereits im Januar gebucht werden, es sei denn, man liebt diese jährliche Auseinandersetzung am Telefon im März, wieso er denn schon ausgebucht sei, wo er doch nun den ganzen Winter Zeit gehabt habe, sich aufs Frühjahr vorzubereiten. Auch hier stimmt wieder: »Der frühe Vogel fängt den Wurm«, nicht der Gärtner sollte sich vorbereiten, sondern Sie, denn der Gärtner wie auch der Gartengestalter hat seine Kapazitäten schon recht früh ausgebucht – jedenfalls der gute.

Aus meiner Erfahrung kann ich Ihnen getrost verraten, dass Sie die Konfirmation Ihrer Tochter im Mai nicht auf der neuen Terrasse feiern werden, wenn Sie sich erst im März um die Planung kümmern. Und auch das liegt häufig am Bauherrn, der sich den Zeitablauf für all die zu fällenden Entschlüsse zu knapp steckt. Wer im Mai auf seiner neuen SCHÖNEN Terrasse sitzen möchte, sollte sie spätestens im Oktober des Vorjahres planen lassen. Übrigens gibt es heute kaum noch ein einheimisches Natursteinprodukt ab Lager. Das bedeutet, dass wir vielerorts – zum Beispiel in München, Köln oder Berlin – heute schon Lieferzeiten von Natursteinplatten für Terrassen von bis zu sechs Monaten haben. Das ist für die meisten Kunden, wenn sie sich dann mal für einen schönen, hochpreisigen Stein entschieden haben, schwer zu verstehen, und oft richtet sich der Frust gegen die ausführende Firma oder den Gestalter. Also, planen Sie rechtzeitig im Winter, dann kann der Frühling kommen.

Jede Jahreszeit hat ihre Farbgebung, und der Vorfrühling wird in der Natur von den Farben Gelb und Blau dominiert. Dann blühen die Winterlinge, die Kornelkirsche, die Zaubernuss, gefolgt von den Forsythien und den Osterglocken, um erst einmal die gelben zu nennen. Zeitgleich blühen die Puschkinien, Anemonen in Weiß und Blau, Blausternchen, Traubenhyazinthen sowie Krokus und Hasenglöckchen. So hat die Natur es vorgesehen, nur nehmen wir oft, getrieben von dem riesigen Angebot, davon kaum noch Kenntnis. Deshalb hier kurz zur Erinnerung: An Ostern muss nicht unbedingt alles blühen! Das ist bei dem gigantischen Marktangebot für den Gartenbesitzer schwer einzusehen, für ihn ist spätestens an Ostern Frühlingsanfang und im Garten, im wahrsten Sinne des Wortes, die Hölle los. Ostern ist sozusagen der Tag, an dem der Garten repräsentabel sein sollte, ganz gleich ob Ostern Mitte März oder Mitte April liegt.

Doch für die Natur macht das einen riesigen Unterschied, denn während der Garten in manchen Jahren im März noch recht verschlafen wirkt, kann das im April schon ganz anders aussehen. Es ist der Monat, in dem sich alles auf einmal zu ereignen scheint, dabei ist man eigentlich mit Ostern schon voll ausgelastet. Nun zeigt sich in aller Überflüssigkeit nicht nur das Unkraut in besorgniserregender Menge, sondern die Gartenarbeit generell. Der Rasen muss »exekutiert werden«, wie meine Freundin Isabelle es gerne nennt – gemeint ist das alljährliche Ritual, alles, was nicht Gras ist, rauszuwühlen aus der grünen Fläche inmitten des Gartens. Dieses Vorgehen resultiert nicht selten in einer gnadenlos hässlichen braunen Fläche ohne jegliches Grün, was dann wiederum dem Exekutieren recht ähnlich ist. Für diese rabiate Methode, den Rasen zu verunstalten, gibt es ein eigenes Kapitel in diesem Buch; ich gehe deshalb hier nicht weiter darauf ein. Nur so viel sei gesagt: Wer seinen Rasen regelmäßig harkt, kann auf diesen alljährlichen Spaß verzichten und macht diese Prozedur nur alle zwei bis drei Jahre.

Wo waren wir? Beim Rasen, genau, und kaum ist dieser vertikutiert – vielleicht hat der Gärtner auch gelüftet (aerifiziert), gesandet und neu angesät –, ist auch schon der Partner mit dem Schlauch da und fuchtelt mit dem Wasser rum. Neben den Aufgaben Rasenmähen, Heckenschneiden und Laubblasen wird der Mann nämlich auch gerne für die Bewässerung des Gartens verantwortlich gemacht. Das liegt nicht etwa daran, dass die Bewässerung des Gartens eine besondere technische Herausforderung wäre, sondern daran, dass der Mann sie gerne dazu macht. Auch hierzu verweise ich auf ein eigenes Kapitel im Buch. Ich wollte nur kurz andeuten, dass Frauen – ähnlich wie im Haushalt auch – oft eher praktisch, intuitiv und initiativ im Garten handeln, wohingegen Männer für die ihnen gestellte Aufgabe immer erst eine technische Lösung anvisieren, für die ihnen dann das passende Gerät fehlt, welches sie erst einmal besorgen müssen. Mit anderen Worten: Während der Mann stundenlang im Gartencenter nach der besten ökonomischen Bewässerungsanlage sucht, hat die Frau den Garten schon richtig gut mit dem alten Schlauch gewässert.

Ich zitiere an dieser Stelle gerne den alten Meister Karl Foerster: Die Natur hat lieber jemanden, der sich mit einem fruchtbaren Garteneinfall aus der Hängematte erhebt, als jemanden, der den ganzen Tag ohne Einfall im Garten umherrast. Apropos herumrasen: Wer mit seinem Garten im Frühjahr gänzlich unzufrieden ist, greift nicht selten zu Portemonnaie und Autoschlüssel und fährt ins nächste Gartencenter. Die werden schon wissen, was dem Garten fehlt.

Eine kleine Anekdote aus einem ganz normalen Vorfrühlingstag im Pflanzenverkauf bei uns in der Gartenakademie: Ein Ehepaar geht, weil es ja Frühling ist und die Sonne scheint, an einem Samstagvormittag gut gelaunt ins Gartencenter, um für die im Winter entstandenen Lücken im Beet ein paar passende Pflanzen zu erstehen. Mal abgesehen davon, dass es im März noch viel zu früh ist, um zu erkennen, ob die Pflanzen im Winter tatsächlich gestorben sind, will ich mal kein Spielverderber sein, schließlich leben wir von diesen Lusteinkäufen im Frühling, und wenn ich ehrlich sein darf, verfalle auch ich jedes Jahr erneut diesem Ruf in die Gärtnerei.

Sie kommen also zum Beispiel zu mir – auch ich bin manchmal dort –, und so fragen sie mich, ob ich ihnen für ihre kürzlich verstorbene (Pflanze) einen Ersatz empfehlen könne. Gut gelaunt stelle ich die Gegenfrage, ob es sich bei der Verstorbenen denn um ein Gehölz oder eine Staude handelt, woraufhin mich beide erschrocken ansehen. Nicht etwa, weil sie nicht wissen, ob Staude oder Gehölz, sondern weil sie nicht wissen, was eine Staude ist. Also ertappe ich sie dabei, wie sie tütteln, wie wir in Hamburg sagen, wenn jemand nicht ganz die Wahrheit sagt, und schnell antwortet der Mann siegessicher: »Ein Gehölz, wir hätten gerne ein Gehölz.« Okay, ein Gehölz soll es also sein, Männer lieben Gehölze, die kann man schneiden.

»Soll es irgendein bestimmtes Gehölz sein?«, frage ich nun interessiert zurück. »Was soll es denn können, wie soll es aussehen, und an welche Größe hatten Sie gedacht?«

Sie schauen sich an, überlegen.

»Was stand denn an der Stelle vorher?«, wage ich nachzulegen, merke aber, die gute Laune kippt, eigentlich war das Paar guter Dinge in mein Geschäft gekommen, um mir eine Pflanze abzukaufen, und was ist der Dank? Ich malträtiere sie schon in den ersten drei Minuten mit so vielen Fragen, dass einem jegliche Lust vergehen könnte. Sie sind überfordert und leicht genervt. Ich schwenke also um auf eine altbewährte Taktik: Ich schlage eine Rose vor! Die kennen alle, die mögen alle, und prompt steigt die Stimmung rundum.

»Rose, ja!«, sagt sie.

Eine Rose ist die Lösung, sollte mich wundern, wenn das nicht auch eine Rose war, die da eingegangen ist. Ich möchte nicht wissen, wie viele Tausende von Taktikrosen so in die Gärten gelangen. Egal, Rose geht immer, und alle sind die lästigen Fragen los. Es hätte natürlich auch viel schlimmer ausgehen können. Sie hätten sagen können, Rosen haben sie schon genug, sie hätten lieber ein Gehölz mit grünen Blättern oben und innen Ästen. Das macht die Sache natürlich gleich wieder viel leichter für mich. Sie mögen jetzt lachen, vor allem die Wissenden unter Ihnen mögen mir nicht glauben, aber wenn Sie eine Ahnung hätten, was uns manchmal für Fragen gestellt werden, dann würden auch Sie zur Rose greifen.

Mein Ehepaar hatte zwar von mehreren Pflanzen gesprochen, ich habe mich aber dann getraut, ihm zu raten, doch noch ein wenig zu warten, bis man sichergehen kann, dass an der kahlen Stelle tatsächlich nichts mehr kommt, denn die meisten Stauden legen ja erst so ab Mitte April los. Gerettet! Zu Hause angekommen, muss meist der Mann das Loch graben und die Pflanze setzen; bei Stauden machen das die Frauen, wenn sie denn wissen, was eine Staude ist. Wässern macht dann wieder die Frau, weil der Mann noch immer die Bewässerungskataloge wälzt und überlegt, welches System sich am besten eignet.

Nun ist der Rasen gesät, die Rose gepflanzt, und eigentlich sieht der Garten schon wieder ganz manierlich aus, aber es scheint nichts zu kommen und auch nichts zu wachsen. Da wird dann gerne schon mal an der Rose gekratzt und der Gärtner angerufen, warum denn der Rasen nicht wächst und die Rose noch nicht blüht. An diesem Punkt kommen zwei Faktoren ins Spiel, die für die Gartenkultur ausschlaggebend sind. Einer ist Mythos und der andere maßgeblich: der grüne Daumen und die Geduld (siehe die Kapitel dazu).

Genau diese zwei Faktoren sollten Sie für das Gartenglück im Vorfrühling ernst nehmen, denn wachsen und kommen tun die Pflanzen im Garten erst so richtig im Frühling, und der ist laut Karl Foerster wirklich erst ab Mai. Weil heute alles früher, schneller, größer und vor allem besser sein muss, finde ich es sehr beruhigend, dass sich die Natur von diesen Dogmen nicht beeindrucken lässt. Die einzigen beiden Dinge, die sie wirklich beeinflussen, sind der Mond und die Sonne, denn erst durch das Äquinoktium – jenen Moment im Frühjahr, an dem der Tag und die Nacht im Äquilibrium, also gleich lang sind – beginnt ein Großteil der Natur vor unseren Augen zu erwachen. Dieser Frühlingspunkt fällt je nachdem, ob es sich um ein Schaltjahr handelt oder nicht, auf den 19., 20. oder 21. März. Deshalb gibt es eben jenen phänologischen Kalender, der nämlich auf die minuziösen Unterschiede in den Entwicklungsphasen der Pflanzen in variierenden Klimazonen achtet. Und genau das hat unser Herr Foerster bei seiner Bestimmung der Jahreszeiten auch gemacht, denn der phänologische Frühling teilt sich folgendermaßen auf: Vorfrühling, wenn die Schneeglöckchen blühen und sowohl Haselnuss als auch Salweiden ihren so reizvollen wie reizbaren Pollen verstreuen. Dann der Erstfrühling vor dem Vollfrühling. Die Brücke zwischen Vorfrühling und Erstfrühling schlägt für mich immer die atemberaubende Rapsblüte. Der Erstfrühling fängt meist mit der Rosenschneideindikatorpflanze, der Forsythie, an und endet etwa mit der Birnenblüte, bevor die Äpfel oder der Flieder blühen, erst dann sprechen wir Gärtner vom echten Vollfrühling. Gut ist an diesem Kalender, dass er uns dazu bringt, endlich aufzuhören, so gebannt auf die uns bekannten Monatsangaben auf dem Kalender zu starren, und uns mehr nach der Natur zu richten, denn die macht ihr Jahr und ihre Jahreszeiten so, wie es ihr gefällt, und ob wir das mögen, es für gut oder schlecht befinden, ist ihr völlig egal. Dass der meteorologische Frühlingsanfang am 1. März ist, interessiert die Natur nicht die Bohne.

Apropos Bohne: Im Vorfrühling kämpft man selbstverständlich nicht nur mit dem Rasen, dem Unkraut, der nicht funktionierenden Bewässerungsanlage und den lauten Nachbarn, sondern seit einigen Jahren ist es auch wieder ganz hip, selbst Gemüse zu ziehen. Mich bringt dieses Thema sehr zum Schmunzeln, denn der Gemüsewunsch kommt nicht selten von Eltern, die mir bereits bei der Begrüßung klargemacht haben, dass sie eigentlich für Garten gar keine Zeit haben und nur ab und an mal im Garten schlendern, sitzen, liegen wollen. Gut, da ist die Antwort ganz einfach: entweder schlendern, sitzen, liegen oder Gemüse. Ich werde diesem Thema ein kleines eigenes Kapitel widmen, da es sich nicht einfach so nebenher abhandeln lässt, zumal es momentan sehr populär ist.

Natürlich hat der Vorfrühling außer Schneeglöckchen und Forsythien vor allem viele köstlich duftende Sträucher im Sortiment, von denen ich an dieser Stelle gerne meine Favoriten nennen möchte wie die Scheinhasel (*Corylopsis*), die winterblühende Heckenkirsche (*Lonicera purpusii*) oder die Himalaya-Schleimbeere (*Sarcococca humilis*), die, auch wenn der Name es nicht hergibt, im März bezaubernd duftet. Auf diese kleinen, wenig platzeinnehmenden Vorfrühlingsboten sollte man nicht verzichten.

Wie alles begann

Meine Leidenschaft fürs Gärtnern ist zwar in meiner Erinnerung sehr stark verankert, aber ich würde lügen, wenn ich behauptete, ich sei schon als Baby durch den Garten gekrabbelt, um Unkraut zu jäten. Allerdings kann meine

Mutter diese Neigung zu ihrem großen Horror nur bestätigen, bin ich doch regelmäßig aus dem Laufgitter ausgebrochen und habe – ohne laufen zu können – eine ziemliche Strecke hinter mich gebracht, um auf einer benachbarten Kuhweide Blumen zu pflücken. Meine Mutter hatte dann die größte Mühe, sich zu überwinden und auf die Weide zu kommen, um mich vor einer recht imposanten Truppe neugieriger Kühe in Sicherheit zu bringen, in deren Mitte ich saß.

Auch wenn ich mich an dieses besondere Erlebnis nicht selbst erinnere, so sind mir doch meine jüngsten Kindheitsjahre im Garten meiner Eltern als die glücklichsten und schönsten in Erinnerung geblieben. Als ich etwa acht Jahre alt war, zogen wir in ein Reihenhaus in Hamburg mit Garten, den meine Eltern in kürzester Zeit von einem sehr netten, jungen Gartengestalter – einem Freund meines Vaters – schön kreieren ließen. Es war übrigens der einzige gestaltete Garten in der ganzen Siedlung. Meine Eltern befanden es schon zu damaligen Zeiten als sehr wichtig, dass Haus und Garten eine Harmonie bildeten und dass man den Garten auf gar keinen Fall sich selbst oder, noch schlimmer, dem Zufall überlassen sollte. Dass dies einen profunden Effekt auf meine Entwicklung haben würde, war mit Sicherheit nicht beabsichtigt. Die Tatsache aber, dass ich diesen Garten noch heute eins zu eins aufzeichnen und seinen Bepflanzungsplan skizzieren könnte, zeugt davon, dass er mich nachhaltig beeinflusst und mein Auge geschult hat.

Als Gegenpol gab es zur Rechten den Garten von Familie Himmel, die im Frühjahr um jede Baumscheibe der im Rasen stehenden Obstbäume einen Kranz großblütiger Stiefmütterchen pflanzte, und den des pensionierten Oberpostrats Vollrath zur Linken, der ausschließlich Gemüse, Obst, ein paar in sauberen Reihen gepflanzte Rosen und nicht ein Unkraut hatte. Die Art der Bepflanzung in seinem Garten war zwar nicht so meins, doch verbrachte er, der alte Herr Vollrath, zu meinem großen Glück genau wie ich jede freie Minute in seinem Garten und konnte mir somit häufig mit gutem Rat beistehen. Ich lernte von ihm zu verstehen, dass man sich die Jahreszeiten zunutze machen sollte – ginge man gegen sie an, hätte man schon verloren. Ergab Sinn, denn bei ihm lief alles besser, zum Beispiel machten seine Kletterbohnen im Mai genau das, was sie machen sollten, und erklommen in Windeseile die für sie errichteten Bohnenstangen, wohingegen meine, viel früher, nämlich im März gesetzten Bohnen sich immer noch nicht zeigten. Dass dies der Tatsache geschuldet war, dass ich vor lauter Tatendrang und Vorfreude die Saat viel zu früh ausgebracht hatte, lernte ich von ihm. Wobei ich jugendliche Ungeduld an dieser Stelle zu entschuldigen bitte, denn sie ist völlig normal und zum Verstehen der Natur auch absolut notwendig.

Was mich immer schon am Garten meines Nachbarn störte und ich nicht zu begreifen vermochte, war die gänzliche Abwesenheit von Unkraut, wohingegen ich bei uns das Gefühl nicht loswurde, seines würde lieber bei uns leben, weshalb wir davon wesentlich mehr hatten. Erst später verstand ich, dass seine »Schwarze-Erde-Politik« nicht nur mit dem regelmäßigen Einsatz der Unkrauthacke zu tun hatte, sondern vor allem ein Überbleibsel der chemischen Nachkriegsentwicklungen war, mit denen ich mich später und bis heute noch viel herumschlagen sollte. Dennoch kann ich ohne zu hadern sagen, dass dies meine formativen und richtungsweisenden Jahre waren, sie haben die Weichen gestellt, und ich wollte, seit ich denken kann, nichts anderes werden als Gärtnerin.

Wie wohl fast alle Menschen bin auch ich natürlich ein Kind meiner Zeit. Als ich mich im Jahr 1979 im zarten Alter von 16 Jahren zur nicht allzu großen Freude meiner Eltern dazu entschloss, die echte Schule zu verlassen, um sie durch eine Baumschule zu ersetzen, trieb mich vorrangig die Leidenschaft, mein Leben lieber mit Pflanzen zu verbringen als mit Menschen. Die zeigten ihre Abneigung nicht hinterhältig, sondern immer ganz klar und offen. Zwei Jahre durfte ich als erstes und einziges weibliches Wesen in einer der größten Baumschulen der Welt (Lorenz von Ehren) mein Wissen über Bäume und Sträucher schulen und lernen, wie man großen Bäumen beibringt, eine Verpflanzung auch im hohen Alter noch zu überleben. Natürlich stellte sich schnell heraus, dass es ganz ohne Menschen nicht geht, zumal ich in der Baumschule über 160 männliche Kollegen hatte, die – und das möchte ich an dieser Stelle ausdrücklich sagen – sich zu jeder Zeit ausgesprochen gentelmanlike verhielten. Ihnen und der Tatsache, dass ich nun mein eigenes Geld verdiente, habe ich es zu verdanken, dass ich recht viel Freude an diesen doch ziemlich schweren Frühaufsteherjahren hatte und glücklich war, nun endlich in der Erwachsenenwelt angekommen zu sein.

Und in dieser Erwachsenenwelt war es auch, in der meine Überzeugungen die ersten Kratzer bekamen. Es war die Zeit der später als die »schmutzigen Sieben« bekannten Pestizide, deren Zusammensetzung, Nutzung und Verwendung uns in der Berufsschule beigebracht wurden, als gäbe es nichts Besseres und Wichtigeres auf der Welt. (Als die »schmutzigen Sieben« wurden in den 80er-Jahren die am meisten benutzten Pestizide Aldrin, Chlordan, Dieldrin, Endrin, Lindan, Heptachlor und natürlich DDT bezeichnet, die dann später aus gesundheitlichen Gründen vom Markt verschwanden.) Ich stellte sehr früh fest, dass sich die »Alte Schule«, also der lustvolle Gebrauch von Kunstdüngern, Insektiziden, Fungiziden und Herbiziden, weder in der Landwirtschaft noch in der Gartenkultur mit meinem Verständnis von Natur und Umwelt in Einklang bringen ließ. In mir sträubte sich alles gegen diese Besessenheit der Ausbilder, uns beibringen zu müssen, wie viel DDT man auf einen Quadratmeter Gemüsebeet sprühen müsse, damit Schädlinge gar nicht erst den Versuch machten, am Kohl zu knabbern. Ich wusste allerdings nicht, dass genau dieses Mittel bereits einige Jahre zuvor in Amerika aus dem Verkehr gezogen, bei uns aber immer noch völlig gesellschaftsfähig war. Oder sagen wir mal, die Gesellschaft wusste und verstand davon nicht besonders viel und meinte, solange man es nicht in den Lebensmitteln schmeckte, sei es wohl auch okay.

Mir war diese Akzeptanz von etwas, das aus meiner Sicht nicht richtig sein konnte, nicht nur suspekt, sondern auch ein Dorn im Auge. Was ich über die Natur bis dahin erfahren hatte, fand sich weder in der Nutzung dieser Mittel wieder noch in der Art und Weise, in der man versuchte, uns zu manipulieren. Es erschien mir völlig abstrus, dass unsere Lehrpläne von den großen Chemie- und Pharmakonzernen ausgearbeitet, vorbereitet und gesponsert wurden, obwohl wir doch eigentlich erst einmal die Grundzüge der Zusammenhänge verstehen sollten. Mit anderen Worten: Es wäre doch sinnvoll gewesen, erst einmal zu lernen, wieso überhaupt solche Mengen an Schädlingen auf so vielen Nutzpflanzen zu finden sind. Doch diese Frage zu beantworten hätte bedeutet, landwirtschaftliches Unvermögen zuzugeben, das sich durch Monokulturen und andere gängige, aber schlechte landwirtschaftliche Praktiken eingebürgert hatte.

Kaum waren die Lehre und das darauffolgende Fachabitur abgeschlossen, ging ich auf Wanderschaft, wie man die Zeit nach der Lehre damals nannte, um zu sehen, ob es andernorts besser oder zumindest anders war. Aber auch auf der Internationalen Gartenschau 1983 in München, meinem ersten Anlaufpunkt, waren vor allem mein Wissen um Kunstdüngergaben sowie die Vernichtung von Unkraut und Insekten von Interesse.

Da jedoch mein liebstes Lebensmotto schon damals das von Erich Kästner war: »Auch aus Steinen, die dir in den Weg gelegt werden, kannst du etwas Schönes bauen«, motivierte mich auch dieser Job, meinen eigenen Weg zu finden.

In einem Münchner Buchladen entdeckte ich erst Anfang der 80er das bemerkenswerte Werk der amerikanischen Biologin Rachel Carson »Der stumme Frühling«, das in Amerika bereits 1962 veröffentlicht worden war und dort in den 70er-Jahren für Furore und 1972 auch für eine Abkehr von den sogenannten Pops gesorgt hatte. (Der Begriff Pops, *persistent organic pollutants*, wurde in den 70ern geprägt und stand für all jene schmutzigen Chemikalien, denen damals der Krieg angesagt wurde.) Bei uns dauerte diese Entwicklung noch bis in die 80er-Jahre, und weltweit sind diese Gifte erst 2004 verboten worden. Wahrscheinlich wollte man erst einmal die Restbestände, von denen es ja eine Menge gab, noch an die Entwicklungsländer verkaufen.

Natürlich waren die Amerikaner durch den Vietnamkrieg sensibilisiert, hatten sie ja dramatischere Ergebnisse durch die Entlaubung der vietnamesischen Urwälder mit Agent Orange zu verzeichnen. Heute fragt man sich, wie die Menschheit auf solch einen Irrsinn überhaupt kommen konnte, große Mengen hochgiftiger Dioxine auf Land und

Leute zu werfen, ohne die fatalen Folgen abzuwägen. Agent Orange und ein paar andere Produkte gerieten dann auch bei uns ins Zwielicht und wurden langsam, sehr langsam aus dem Verkehr gezogen. Auch hierzulande erkannte man nun, dass die Nutzung dieser Pestizide dramatische Schäden in unserem Ökosystem hinterließ, ein Wort, das es damals übrigens noch gar nicht gab.

Es hat etwas von einem Déjà-vu, dass gerade das Bienensterben, von dem heute wieder so viel die Rede ist, damals den Anlass gab, etwas zu ändern – irgendwie werde ich den Eindruck nicht los, dass wir nichts aus unseren Fehlern lernen. Denn kaum haben wir die einen Gifte entsorgt, kreieren die großen Chemiekonzerne eine neue Waffe gegen die Schädlinge, jetzt ist es die Wirkstoffklasse der Neonicotinoiden. Sie finden seit Ende der 80er-Jahre bei uns Anwendung und sorgen seitdem für das fatale Bienen-, aber auch Insektensterben. Letztendlich ist alles davon betroffen, doch davon will niemand wirklich etwas wissen.

Und dann wäre da noch die leidige Debatte um Glyphosat, die sich derzeit wieder in den Vordergrund drängt, auch sie gehört zu diesem Thema. Ich hasse das Gefühl der Machtlosigkeit angesichts dessen, was Regierungen beschließen, ohne sich ausreichend beraten zu lassen, weil die Lobbyisten der Produzenten sich so gut verkaufen. Allein die Tatsache, dass dieses Unkrautvernichtungsmittel der Firma Monsanto seit Jahrzehnten der Verkaufsschlager in Form von Roundup war und nun Bayer den Konzern übernommen hat, sollte doch alle Alarmglocken läuten lassen. Ein Gift, das alle Pflanzen tötet, außer jene, die genmanipuliert sind, bringt nicht nur mein Verständnis für Natur durcheinander, ich kann einfach keinen Sinn darin sehen. Wie auch immer, es war jedenfalls Rachel Carsons Buch, in dem es vorrangig um die Zerstörung und die katastrophalen Einflüsse der Chemie auf unsere Flora und Fauna ging, das mich letztendlich dazu bewegte, einen anderen Weg einzuschlagen.

Ich hatte es noch nicht zu Ende gelesen, da bekam ich einen Anruf von einer Bekannten aus England, die an einem College in Sussex biologisch-dynamische Landwirtschaft bei einem deutschen Professor studierte. Heute weiß ich, dass dieser Anruf mein ganz persönlicher Weckruf war, für meine ganze Entwicklung wohl der wichtigste meines Lebens, auch wenn das für Außenstehende nicht ganz nachvollziehbar war.

Auszug aus dem Telefonat:

»Hallo, Gabriella, ich habe von deinem Bruder gehört, dass du dich sehr für die natürlichen Zusammenhänge der Dinge interessierst, und da dachte ich, dass dieses College hier in England genau das Richtige für dich ist. Hier verbrennen sie die Larven von Schädlingen und schmeißen die Asche bei Vollmond, und wenn der Mond im Krebs steht, auf die befallenen Felder!«

Hörte sich auf den ersten Eindruck nicht besonders nett an.

Und weiter: »Sie produzieren Präparate aus Produkten der Natur, mit denen sie zu bestimmten Sternkonstellationen die Ernten besprenkeln, natürlich nicht, ehe sie diese im Morgengrauen unter stundenlangem Rühren dynamisiert haben.«

Hörte sich immer noch schräg an, aber schon etwas besser.

Ich verstand zwar weder die genauen Zusammenhänge, noch hatte ich mich bis dahin mit Rudolf Steiner und seiner Theorie der biologisch-dynamischen Landwirtschaft wirklich beschäftigt, doch war mir noch in derselben Nacht klar: Da muss ich hin!

Meine Eltern reagierten überrascht auf meinen spontanen Wunsch, nun unbedingt nach England zu gehen, unterstützten mich aber trotz des horrenden D-Mark/Pfund-Umtauschkurses voll und ganz. Dass sie mir bei diesem Schritt so großartig zur Seite standen, rechne ich ihnen bis heute hoch an, denn sie konnten damals kaum wissen, dass damit die Weichen für mein ganzes Leben und letztendlich auch für die Gartenakademie gestellt wurden.

Am Freitag, den 31. August 1984, stand ich, 21-jährig, zusammen mit meinen Eltern auf der Fähre von Hamburg nach Harwich auf dem Weg in ein neues Leben. Leider war ich – mein allergrößtes Manko zu dieser Zeit – der englischen Sprache nicht wirklich Herr. Doch diese Sorge sollte sich am Emerson College in Sussex als unbegründet herausstellen, da dort fast niemand Englisch sprach. Mit Ausnahme eines Engländers bestand unsere Studiengruppe aus 24 Menschen aus 15 Nationen, die hierhergekommen waren, um großen anthroposophischen Köpfen zu lauschen. Hier durfte ich mich ein ganzes Jahr lang dem Versuch hingeben, die Zusammenhänge von Mensch und Natur als großes Ganzes zu verstehen. Natürlich ist mir dies bis heute nicht gelungen, aber es war ein sehr guter Ansatz, der mich auf den rechten Weg gebracht hat. (Und ich wage zu behaupten, dass es auch eine Art Selbstschutz ist, nicht alles verstehen zu wollen, denn leicht verbrennt man sich die Flügel an der Wahrheit, und mit versengten Flügeln lässt sich nicht gut fliegen.)

In diesem Jahr des Umbruchs verwandte ich jede freie Minute darauf, mit jener Freundin, der ich dieses Abenteuer zu verdanken hatte, durch die englische Landschaft zu fahren und dort dem größten Hobby der Nation zu frönen: dem Gartenbesuch. Ob man es glaubt oder nicht, man kann in dem Land der Gärten jeden Tag des Jahres in jeder Region des Landes einen anderen Garten besuchen, ohne sich auch nur einmal wiederholen zu müssen.

Wie in Aladins Käfig kam ich mir vor: Sissinghurst, Great Dixter, Hever Castle, Leonardslee, Nymans, Sheffield Park und Wakehurst Place waren alle nur einen Katzensprung von meinem College entfernt, und eine Mitgliedschaft beim National Trust ermöglichte unendlich viele Besuche für wenig Geld. Wie wundersam liebevoll waren all diese Gärten gestaltet, gepflegt und von den Besuchern achtsam, ja würdig behandelt! Ich war sprachlos. Und wenn es das Schicksal wollte, dass ich noch mehr darüber erfahren durfte, über all dieses Können und Wissen, dann würde es mich am Ende dieses ungewöhnlichen Studiums nicht gehen lassen.

Und so kam es dann auch. Mit nochmaliger Hilfe der Freundin, die mir die Sache mit der Schädlingsbekämpfung im Mondschein ermöglicht hatte, wurde ich zum Vorstellungsgespräch am größten botanischen Garten der Welt eingeladen: The Royal Botanic Gardens, Kew. Meinen Einwand, die würden mich da vielleicht gar nicht nehmen, beantwortete sie mit den Worten: »Schon möglich, aber das wissen wir erst, wenn du es versucht hast.«

Stimmt, an dem Tag sollte ich lernen, dass positives Denken eine der wichtigsten Grundlagen zum Erfolg ist. Da fällt mir ein Satz ein, der mich damals sehr zum Schmunzeln gebracht hat: »Pessimisten sind Optimisten mit Erfahrung.« Und an Erfahrung mangelte es mir ja auch. Also frei nach dem Motto, einen Plan B zu haben ist gut, könnte aber unter Umständen die Energie für den Plan A reduzieren, bereitete ich mich zusammen mit jener Freundin auf das Vorstellungsgespräch vor. Meinen Lebenslauf und ein Gartenthema meiner Wahl musste ich auswendig lernen, weil mein Englisch noch immer schlecht war und der Vorstellungstermin einen Vortrag auf Englisch leider zur Voraussetzung hatte.

Das Ganze fing dann schon nicht so gut an, ich begrüßte die große Expertengruppe recht nervös mit dem Satz: »*Good morning, Ladies and Gentlemen*«, um erst dann zu erkennen, dass es außer mir keine Frauen gab. Aber die Engländer haben sich eh noch nie so viel aus Gender gemacht wie wir. Egal, ich ratterte dann in Windeseile meinen akribisch gelernten Text herunter, um mich anschließend mutig den Expertenfragen zu stellen. Da brauchte man nicht nur Wissen um die Materie, sondern natürlich auch um die Sprache, und das war ja leider noch immer meine größte Schwachstelle. In meinem Bewerbungsschreiben hatte ich, wie man das so macht, ein wenig geflunkert und behauptet, ich sei in Schrift und Sprache sehr firm, das rächte sich nun. Nur wenige Fragen konnte ich beantworten, viele habe ich gar nicht erst verstanden, und so wurde mir immer klarer, dass meine Chancen mit jedem verneinenden Kopfschütteln meinerseits sanken, es sei denn, ich zog noch irgendeinen Trumpf und hörte endlich auf, die Fragen mit »Das weiß ich leider nicht« zu beantworten. Ich wollte partout dieses Studium machen, und wenn sie mir doch nur die eine Chance geben würden, könnte ich mit viel Fleiß und Einsatz beweisen, dass ich es wert war und dass es sich für sie lohnte.

Und da war sie auch schon, die Frage, die über meine Karriere entscheiden sollte: Prof. Dr. Cutler, Chief und somit Häuptling der Ökonomischen Botanik, stellte seine letzte Frage: »*What do you know about trace elements*«? (Erzählen Sie mir doch bitte etwas über Spurenelemente.) Tja, was sollte ich sagen? Ich hatte noch nie etwas von *trace elements* gehört, jedenfalls nicht auf Englisch, und da ich mir nicht noch einmal die Blöße geben wollte, etwas nicht zu wissen, entschied ich mich für die einzige Wahrheit, die mir in dem Moment einfiel: »*I am sorry but we don't have those in Germany.*« (Es tut mir leid, das sagen zu müssen, aber die haben wir in Deutschland nicht.)

All die ach so ernsten Gesichter der Fachjury verzogen sich erst zu mir rätselhaften Grimassen, um sich dann in einem tosenden, nicht aufhören wollenden Gelächter zu verbünden. Ich hatte es, mein Ticket ins Studium, und ich bin noch heute sicher, dass es dieser kleine, freche, aber durchaus auch mutige Satz war, der mich gerettet hat. Getreu dem berühmten englischen Motto, das mir mein ganzes Leben geholfen hat, nie zu früh aufzugeben: »*It's not over until it's over.*« Es ist nicht vorbei, bis es vorbei ist.

Natürlich hat mich diese Episode durch mein ganzes Studium begleitet, und ich war auch nie versucht, sie zu verheimlichen. Ist sie doch ein sehr schönes Beispiel dafür, dass nicht nur Wissen und Leistung einen ans Ziel bringen; Glück und gute Menschen um einen herum sind mindestens genauso wertvoll. Und weil man all das Glück und die Freundschaften nicht für sich allein behalten sollte, kann ich nur jedem empfehlen, beides weiterzugeben, denn sie haben die Eigenschaft, sich zu vermehren.

Das Studium in Kew Gardens hat in mir den Grundstein für ein Wissen über Gartenkultur gelegt, den ich an keinem anderen Ort gefunden hätte. Allein die beruflichen Verbindungen, die man über die drei Jahre des Studiums sammelt, sind ein Fundus, den ich bis heute nicht aufgebraucht habe. Das Wissen um die Pflanze war so umfangreich; wer dort studieren durfte, verfügt über absolut profunde Grundkenntnisse. Übrigens spreche ich nun mittlerweile, nachdem ich 25 Jahre in England gelebt habe, ein recht passables Englisch, nur mit der deutschen

Sprache habe ich mich in den ersten Jahren nach meiner Rückkehr manchmal schwergetan. Mein Professor und Leiter der School of Horticulture, Leo Pemberton, verfolgt noch heute im hohen Alter von über 90 Jahren die Karrieren seiner Schützlinge in aller Welt, und manchmal bekommt man noch kleine Ermutigungen von ihm zugeschickt, mittlerweile als E-Mail.

Ein Landschaftsarchitekturstudium an der Universität Greenwich sollte meine Ausbildung ein paar Jahre später abrunden, denn damals gab es noch die Klischeevorstellung, dass man ohne das richtige Studium und ohne die richtigen Titel in Deutschland nichts erreichen könne. Glücklicherweise gehöre ich bereits zu einer Generation, die von der Öffnung Europas profitieren durfte, und ich habe diese Möglichkeit beim Schopfe gepackt, trotz aller Gegensätze.

England und die Engländer

Gärtnern kann man ja eigentlich überall, aber in England ist es doch noch mal etwas ganz anderes. Meine ersten echten Begegnungen mit dem Gärtnern machte ich während meines Studiums am Botanischen Garten, Kew, denn ich musste mir ein wenig Geld zum Stipendium dazuverdienen. Wir bekamen pro Woche 76 Pfund, nicht genug, um in London zu überleben – es ist ja schließlich kein Geheimnis, dass London nicht gerade die günstigste Stadt Europas ist. Ich beschloss also, mein Können den Gartenbesitzern in unmittelbarer Nähe zum Botanischen Garten anzubieten und ihnen die Obstbäume zu schneiden oder den Garten zu pflegen. Das sollte sich allerdings als echte Herausforderung erweisen, denn nicht nur musste man dafür mit großen Fachkenntnissen gewappnet, sondern auch ziemlich trinkfest sein.

Auf meine ersten Aushänge am Gärtnertor von Kew Gardens meldeten sich gleich drei ältere Damen, die mich kurz darauf alle zur selben Zeit in ihren Garten baten: Samstag ab 11 Uhr. In völliger Unkenntnis der Bewandtnis dieser Uhrzeit verabredete ich mich für 11, 12 und 13 Uhr. Kurz darauf bekam ich meine erste Lektion, denn es gab natürlich einen Grund, warum eine ältere Lady um 11 Uhr erst den Gartenrundgang und dann das Gespräch wollte, es ist ein sehr altes Ritual. Gleich nach der Begrüßung, dem Namensaustausch und der Hin-und-her-Fragerei – wie es denn gehe? Danke, gut und Ihnen? Danke, auch gut – kommt auch schon die Frage: »*Would you care for a gin and tonic?*« Hätten Sie Lust auf einen Gin Tonic? Heute weiß ich, dass es sehr weise ist, diese Offerte folgendermaßen höflich abzuweisen: »*Oh, no, thank you very much, but don't let me keep you*«, was so viel heißt wie: Ich würde gerne verzichten, aber bitte lassen Sie sich nicht davon abhalten. Da ich das aber damals noch nicht wusste, musste ich durch die harte Schule der G&T-Runden, wie meine Kommilitonen das nannten, denn ich hatte ja noch zwei weitere Termine mit netten Ladys im Garten. Und nichts ist für so eine Lady schöner als eine gute Ausrede für einen G&T after 11 o'clock, damit war die Queenmother nicht allein.

Egal, da stand ich also im ersten Garten mit meinem Kaltgetränk und einer fröhlich zwitschernden Lady, die mir so ganz nebenbei mindestens 30 Fragen zu ihrem Garten und den Pflanzen stellte. Wie schneidet man dies, wann pflanzt man das, wie heißt die Rose, wann blüht dieser Busch, warum man denn von so weit herkomme, um Blumen zu lernen, und ob es keine in Germany gäbe?

Kurz und gut, es war ein Verhör und das Kaltgetränk eindeutig ein Weichmacher. Wenn man das bestanden hatte, durfte man tatsächlich einmal die Woche kommen und sich um den Garten kümmern, was häufig eine sehr komplexe Aufgabe war, denn die Damen wussten meist mehr über ihre Pflanzen und das Gärtnern als ich. Ich entschloss mich zu Demut und begann zu lernen. Vor allem war ich über alle Maßen überrascht, dass sie von allen ihren Pflanzen die lateinischen Namen kannten, und wenn man sie auf dieses für mich ungewöhnliche Phänomen ansprach, gaben sie brüskiert zurück, das sei doch nun das Mindeste, was man der Pflanze an Ehrerbietung schulde. Meine erste Lektion: Der Engländer verehrt seine Pflanzen. Gärtnern bedeutet für ihn vor allem, sich in Ergebenheit zu üben.

Obwohl meine Freizeit während des Studiums schon sehr limitiert war, genoss ich meine G&T-Runden bei diesen unglaublichen Ladies und begann zu verstehen, was Gartenpflege eigentlich bedeutet. Seit dieser Zeit treibt mich auch die Frage um, wieso die Engländer mit solchem Elan, ja mit einer solchen Leidenschaft gärtnern, wo doch das Wetter bei ihnen kaum jemals besser ist als in meiner hanseatischen Heimatstadt Hamburg. Aber vielleicht habe ich mich gerade deshalb dort so wohlgefühlt, immer eine frische Brise mit leicht klebrigem Niederschlag; wer Hamburg oder London kennt, weiß, was ich meine.

Ich bin in den Jahren meines Studiums zu dem Schluss gekommen, dass bei der Antwort auf diese Frage viele Faktoren zusammenfließen und dass man keinen davon als Alleinstellungsmerkmal herausarbeiten kann. Es ist nicht nur das Wetter, das Klima, die Garderobe, das Wissen, die Demut oder die Leidenschaft – es ist eine Schnittmenge aus alledem, und noch dazu haben sie den Krieg nicht verloren. Aber das ist ein schwieriges Thema, auf das ich hier noch nicht eingehen möchte, es hat aus meiner Sicht viel mit der unterschiedlichen Weltanschauung der Engländer und der Deutschen zu tun und somit auch mit dem Gärtnern.

Da wäre zuerst einmal – was jeder schon vermutet – das Klima. Ich kann mit gutem Gewissen behaupten, dass es in den 25 Jahren meines Englandaufenthalts nur sehr wenige Tage im Jahr gab, an denen eine Jacke unangebracht gewesen wäre. Dies erklärt auch die Erfindung der Barbourjacke; sie ist in England an 330 von 365 Tagen angemessen. Der Winter beginnt um den 18. Dezember herum und ist um den 15. Januar vorbei. Diese kurze Winterperiode, die selten von tiefen Temperaturen begleitet wird, sorgt natürlich dafür, dass sich auf der Insel nicht nur die einheimischen Pflanzen sehr wohlfühlen, sondern alles, wovon das Gärtnerherz träumt. Die Flora auf der Insel ist so unglaublich umfangreich, dass mein dreijähriges Studium am Botanischen Garten nicht ausreichte, um auch nur einen Bruchteil davon zu lernen. Und das, obwohl wir jede Woche weit über hundert Pflanzen in einem Identifikationstest erkennen mussten.

Ein weiterer Grund, warum sich die Engländer mehr in ihrem Garten aufhalten und dort auch mehr machen, liegt schlicht und ergreifend darin, dass sie tatsächlich gern zu Hause sind. Auch wenn sie im Durchschnitt 7-mal im Leben umziehen – wir nur 4,5-mal –, lieben sie ihr Zuhause und ihren Garten. Schließlich haben sie ja auch den Satz: »*My home is my castle*« geprägt. Und die Engländer mieten nur sehr ungern, aus Tradition und als Finanzanlage wird grundsätzlich das Heim gekauft, umgebaut, der Garten schön gemacht, darin gelebt und dann, wenn das Haus zu klein ist, wieder verkauft. Etwa im Alter von 20 betritt der

Engländer diese Immobilienleiter und kauft ein ganz kleines Haus, ein sogenanntes Erstkäuferhaus. Nach der Ausbildung und mit der ersten großen Liebe wird diese erste kleine Scholle gegen ein etwas größeres Haus eingetauscht, und das geht so weiter, bis dann irgendwann die Kinder aus dem Haus sind. Wenn man älter ist, werden Haus und Garten wieder durch ein kleineres Anwesen ersetzt. Fazit: Das eigene Objekt pflegt man natürlich lieber als ein gemietetes, in das man nur ungern viel Geld steckt. Bei uns in Deutschland überwiegt bis heute das Mietobjekt, wobei dieser Trend sich ja momentan auch zu wandeln scheint, was in mir wiederum die Hoffnung für die Gartenkultur weckt.

In den vielen Jahren, in denen ich nun versuche, mir einen Reim darauf zu machen, warum die Engländer auch heute noch eine so ungebrochene Leidenschaft für den Garten haben, muss ich doch leider noch mal auf das Thema Zweiter Weltkrieg zurückkommen, denn der hatte, aus meiner ganz persönlichen Sicht, einen großen Einfluss auch auf das Verhältnis der Nachkriegsgenerationen zum Garten. Deutschland hatte den Krieg verloren, und wer wollte da Blumen pflanzen, zumal die Menschen nichts zu essen hatten. Das ging den Engländern zwar ähnlich, denn auch sie mussten viel Gemüse anbauen, um durch die harten Nachkriegsjahre zu kommen, aber dennoch ließ es sich in den Ländern der Alliierten leichter zu den Blumen und dem Schönen zurückkehren. Wir waren Verlierer und stark damit beschäftigt, unser Land wiederaufzubauen und unseren Ruf wiederherzustellen, da standen Blumen und Garten nicht gerade hoch im Kurs. Dafür hatte man keine Zeit im Vorsprung-durch-Technik-Land. Wenn Garten, dann mit Rasen, denn da konnte man am Wochenende wenigstens auch noch seine Leibesübungen machen, wie mein Großvater immer meinte. »Blumen sind für Menschen mit zu viel Zeit, Püppi«, hat er mal zu mir gesagt, als er bemerkte, dass mir der Aufenthalt im Garten Freude bereitete.

Aber Hand aufs Herz, natürlich liegt die Freude der Engländer am Garten an der ungebrochenen Tradition, von Generation zu Generation diese Liebe zu Blumen und Grün zu vererben. Nicht umsonst ist in England der Volkssport Nr. 1 – nach Wimbledon und Ascot –, Gärten zu besuchen. Egal ob den Nachbargarten, den von Lord Byron oder Lady Hamilton oder einen vom National Trust – bloß raus und schauen, wie die anderen es handhaben. Das interessiert, begeistert und steckt an.

Es gibt außer dem sehr bekannten National Trust, der neben schönen historischen Gebäuden auch Gärten, ja ganze Landstriche entlang der englischen und schottischen Küste betreibt, eine kleine bezaubernde Organisation, die sich nur für die Öffnung privater Gärten einsetzt. Diese Stiftung nennt sich The National Garden Scheme, und es gibt sie seit 90 Jahren. Googeln Sie die mal, ist sehr unterhaltsam, und der kleine Dackel, der da über die Seite läuft, ist vermutlich der Geist von Christopher Lloyd, dem wohl bekanntesten Gartenbesitzer und Gartenschriftsteller Englands. Diese Gesellschaft veröffentlicht jedes Jahr ein unglaublich dickes gelbes Buch, vergleichbar mit unserem Telefonbuch, den Gelben Seiten, in dem alle zu besichtigenden Privatgärten Englands aufgelistet sind. Ich bekomme zudem jedes Jahr die Benachrichtigung per Mail mit der Überschrift: »Ihr Garden Visitors Handbook wartet auf Sie« – nett, oder? Und natürlich haben die Schotten, wie sollte es anders sein, ihre eigene Gesellschaft: The National Garden Scheme of Scotland. Die Schotten sind also schon autark und gut vorbereitet auf den Brexit.

Wer noch nie in einem englischen Privatgarten war, sollte dies dringend nachholen, er entspricht sehr meiner Vorstellung von britisch. Waren es im Gründungsjahr des National Garden Scheme 1927 nur erst 609 Besitzer, die ihren Garten mindestens einmal jährlich für einen guten Zweck öffneten, sind es heute etwa 3700. Ich glaube nicht, dass es irgendeine Nation gibt oder je geben wird, die so akribisch und voller Elan ihre Gartenbesitzer mobilisiert, sogar ohne dass sie dafür auch nur einen Cent bekommen, sondern höchstens zertretene Rasenflächen und schmutziges Geschirr. Alles Geld dieser Stiftung geht an einen guten Zweck, genau wie sein Gründer es 1927 stipuliert hatte. Und wer glaubt, dass es dabei ausreicht, nur den Garten zu öffnen, hat sich gewaltig getäuscht, denn mindestens *tea and coffee* werden erwartet und wenn möglich auch ein paar Kuchen, natürlich selbst gebacken.

In dem historischen Dorf in den Cotswolds, in dem ich später gelebt und gearbeitet habe, wurden auch einmal im Jahr alle Gärten und Gebäude für die Öffentlichkeit geöffnet, sodass ich sehr wohl weiß, wie man Tee für 2000 Personen und Sandwiches für etwa 1000 macht. Mal ganz davon abgesehen, wie viele Wochen vorher man damit beginnt, den Garten für das Event schön zu machen, ist es ein Erlebnis, das ich in meiner Erinnerung als einen besonderen Schatz gelagert habe. Sie sind bei Gartenbesuchen ganz besonders behutsam, diese Engländer, sie fallen nicht über den Garten her, suchen nicht zuerst einmal die Toilette und gucken in jedes Fenster, nein, sie kommen mit einem kleinen Notizbuch und loben. Wie schön der Rasen sei, wie viel Liebe in die Dahlien gesteckt wurde, wie wunderbar der Kuchen schmecke und wie dankbar sie seien, den Garten gesehen zu haben. Kein Wort über Arbeit und auch nicht über Kosten.

Fast an jedem Wochenende in den Monaten zwischen Februar – wenn die Schneeglöckchenfanatiker mit der Gartensichtung beginnen – und November – wenn die Laubfärbung die menschliche Seele auf den Winter vorbereitet – kann man in jeder Grafschaft Englands Hunderte von Gärten jeder Couleur besuchen. Allerdings wäre es völlig falsch von mir zu behaupten, die Engländer würden die Gärten nur wegen des Tees oder der Kuchen aufsuchen, denn das ist natürlich nicht der Fall. Sie kommen schon und vor allem wegen der Pflanzen. Bereits zu meiner Studienzeit habe ich die Besucher im Botanischen Garten beobachtet, wie sie sich Notizen in ihre kleinen Gartenbücher machten und ab und an intelligente Fragen zu den Pflanzen stellten; solch ein Interesse an der Pflanze war mir völlig neu. Mehr noch, sie merkten sich die lateinischen Namen!

Und weil mich diese Meise mit den Gartenbesuchen dann irgendwann nicht mehr losließ, habe ich mich ziemlich früh – etwa 1990 – dazu verführen lassen, selbst Gartenreisen in England zu leiten. Das war nicht nur eine gute Gelegenheit, immer mal wieder Gärten zu besuchen, die ich schon kannte, und somit deren Entwicklung oder Untergang zu beobachten, sondern auch, um viele neue, unbekannte Fleckchen im Gartenland zu erkunden. Meist waren es deutsche Gartenbegeisterte, die sich einer Reisegruppe angeschlossen hatten, um sich von der englischen Leidenschaft anstecken zu lassen, und seit etwa acht Jahren initiiert die Gartenakademie selbst solche Reisen. Allerdings kann ich ganz sicher behaupten, dass es bei diesen Reisen nicht nur um Gärten geht, sondern überwiegend um die anthropologische Frage, wie benehmen sich Menschen in einem fremden Umfeld und wie gehe ich als Reiseleitung damit um. Heute weiß ich, dass mir die regelmäßige Begleitung meiner Landsleute, die zu Besuch im Ausland waren, auch sehr viel über unsere deutsche Mentalität beigebracht hat und dass mir dies noch heute hilft, meine Klientel, den Gartenbesitzer, wesentlich besser zu verstehen und seine Bedürfnisse schneller zu erraten.

Es ist ja allseits bekannt, dass man nirgends Menschen schneller und besser kennenlernt, als wenn man mit ihnen in den Urlaub fährt. Das gilt wohl vor allem, wenn man mit ihnen durch ein Land reist, dessen Sprache und Sitten ihnen ein Buch mit sieben Siegeln sind. Damals jedenfalls waren nur sehr wenige der Mitreisenden – wahrscheinlich auch altersbedingt – der englischen Sprache mächtig, und somit fiel mir nicht nur die Aufgabe zu, in den Gärten zu übersetzen, sondern auch in den Restaurants. Und als ob das nicht genug der Aufgaben waren, fand ich mich auch noch zuständig dafür, die Menschen darüber aufzuklären, warum die Fenster weder nach innen noch nach außen aufgingen, sondern nach oben oder unten; warum es keine Mischbatterien am Handwaschbecken gab und warum man für Getränke an die Bar gehen musste. Manchmal missfiel einfach alles, und wenn dann das Wetter auch nicht mitmachen wollte, gab man mir auch schon mal die Schuld am Linksverkehr, der doch völlig blöde sei. Na, England ist halt schon ziemlich anders, und es gefällt nicht jedem, auf seine Bequemlichkeiten von daheim zu verzichten.

Die schönste kleine Hotelanekdote sei hier kurz erzählt. Immer wenn wir nach der Anreise und dem ersten Gartenbesuch abends das Hotel bezogen, verteilte ich die Zimmerschlüssel und wartete an der Rezeption auf die üblichen Beschwerden: Ich habe keinen Seeblick, meine Gardine klemmt, es gibt kein Heißwasser, Kaltwasser oder gar überhaupt kein Wasser etc. Egal, an einem dieser Tage kommt also ein Ehepaar zurück zur Rezeption, um mir zu sagen, dass in seinem Zimmer bereits ein Herr im Bad unter der Dusche steht. Ich gehe an die Rezeption, erkläre der Rezeptionistin, dass wohl ein Irrtum vorliege, weil bereits ein Herr dort wohne. Natürlich formuliert man diesen Satz eher als Frage, also: »Könnte es sein, dass dieses Zimmer schon belegt ist?«, denn auf aggressive Besserwisserei reagieren Engländer schlichtweg gar nicht. Sie guckt in ihren Computer und drückt mit großer Vehemenz aus, dass dies nicht sein kann, der Herr habe längst ausgecheckt. Ich also mutig los, Tür auf, niemand im Zimmer, Badezimmertür auf – oje, ein Herr im Geburtstagskostüm sich fröhlich frottierend, sagt doch glatt zu mir: »*I am so sorry!*« Übrigens sehr typisch für England, dass sich der Unschuldige entschuldigt. Ich entschuldige mich auch und gehe zurück zur Rezeption. Meine freundliche Rezeptionistin, der ich natürlich nicht das Erlebte schildere, sondern nur die Tatsache, dass dort tatsächlich noch ein Bewohner ist, stürzt daraufhin selbst los, um den Sachverhalt zu klären. Ich kann sie nicht mehr daran hindern … Wenige Minuten später hat das Ehepaar dann auch endlich ein eigenes Zimmer.

Als wir abends – es war ein recht edles Hotel – alle gemeinsam im großen Speisesaal zu Abend essen, kommt ein sehr attraktiver, gut gekleideter Mann an meinen Tisch, begrüßt mich und stellt sich namentlich vor. Weil ich stutze und er erkennt, dass mir der Name nichts sagt, hilft er mir mit dem Satz: »*You know me, but only without my clothes*« (Sie kennen mich, nur nicht in Garderobe). Lächelt und geht von dannen. Nicht schlecht, wo doch die Engländer so prüde sein sollen.

Der schrillste Gartenbesuch war ohne Frage der im Garten der nackten Eigentümer. Ich weiß nicht mehr, wer die Idee hatte, dorthinzufahren, aber er war tatsächlich einmal Teil des Programms. Sie werden schon davon gelesen oder gehört haben, ich dachte ja, das sei eine Mär. Obwohl die Engländer im Gegensatz zu den Deutschen nicht gerade dafür bekannt sind, gern und bei jeder Gelegenheit ihre Kleider vom Leib zu werfen, scheint es dieses Phänomen doch auch dort zu geben. Und ich sage Ihnen, dass ich bis zu dem Moment, in dem ich klingelte und die Tür aufging, nicht geglaubt habe, dass einen in diesem Garten wirklich ein nackter Mensch begrüßt, ja sogar eine ganze Gruppe begrüßt. Es war, so glaube ich jedenfalls, auch das erste Mal in meinem Leben, dass ich völlig sprachlos war und auf die Frage: »*Would you like to come in?*« am liebsten geantwortet hätte: «*No, thank you!*« Aber das ging leider nicht, wir waren ja angemeldet.

Der Hausherr und seine Frau führten uns durchs Haus in ihren Garten, wo sie sofort begannen, von den Düften und der gemeinsamen Kreation zu schwärmen. Obwohl ich den Vorteil hatte, mich durch das Übersetzen ablenken zu können, entging mir das Unbehagen meiner Gruppe nicht, und bis heute kann ich mich an den Garten und sein Layout überhaupt nicht erinnern. Mein Unbehagen lässt natürlich auf absolute Verklemmtheit schließen, das gebe ich zu, und ein wenig fremdschämen gehörte wohl auch dazu. Deshalb war ich ausgesprochen dankbar dafür, dass sowohl Herr als auch Frau *Naked Gardener* um die Hüfte ein coltartiges Ledergehänge für die Gartenschere trugen, das bei beiden wenigstens kleine Teile des ganzen Elends abdeckte. Ich konzentrierte mich also abwechselnd auf die Schere oder den Blick über die Rabatten. Wenn diese Art der Gartenpräsentation gang und gäbe gewesen wäre in England, wäre ich wohl nie Gärtnerin geworden.

Ich gestehe, dass dieser Garten (oder vielmehr seine Besitzer) auf seine ganz eigene Weise einen nachhaltigen Eindruck bei mir hinterlassen hat, aber er war nicht prägend. Die bildliche Sprache jedoch, mit der ich heute noch meine Gestaltungen erkläre, die habe ich mir in den Hunderten von schönen Gärten auf den Gartenreisen angeeignet. Meine Fotosammlung – damals noch Dias – beinhaltete über 5000 Bilder von berühmten und auch nicht so berühmten Privatgärten aller Couleur und zu fast jeder Jahreszeit.

Von manchen Gärten, wie dem von Vita Sackville-West, Sissinghurst Castle, hatte ich sogar eine Fotodokumentation über das ganze Jahr 1993 zusammengestellt, die es mir ermöglichte, 1994 meinen ersten Artikel in einem Fachmagazin (*Gartenpraxis,* 01.04.1994) über die Planung und Pflege des Gartens zu veröffentlichen. Doch es waren vor allem die vielen unbekannten kleinen Privatgärten, die mir die Augen öffneten und in mir den Blick fürs Detail erweckten. Manchmal machte mich die Schönheit der Planung sprachlos, und manchmal vertiefte ich mich stundenlang in ein bestimmtes Detail. So haben es mir die Wasserrillen in Hestercombe Garden von Edwin Lutyens und Gertrude Jeckyll besonders angetan oder der Wasserlauf im Parkweg von Rousham, die Pergolen von Bodnant Garden in Wales und im Garten von West Dean, der von Harold Peto Ende des 19. Jahrhunderts gestaltet wurde. Immer häufiger habe ich begonnen, Einzelheiten zu skizzieren und mir einzuprägen, wie dies oder jenes in Proportion funktioniert. Auch hat es mich sehr geprägt, die Geschichte der Gestaltung und ihrer Gestalter zu lesen, um zu verstehen, warum welches Material an welchem Ort verwandt wurde. Zur Hochzeit – also Ende des 19. und Anfang des 20. Jahrhunderts – wurden nämlich viele

Gärten nicht aus ökonomischen Gründen gestaltet, sondern fast ausschließlich aus ästhetischen. Es war die Zeit des Arts and Crafts Movement, welche es mir ausgesprochen angetan hatte. Eine Bewegung, die sich besonders durch ihre Verbindung von Kunst, Gesellschaft und Arbeit auszeichnete und dessen Vorreiter Ihnen bestimmt durch seine Stoff- und Tapetenmuster wie Strawberry Thief und Honeysuckle bekannt ist: William Morris. Die Motivation der Bewegung lag natürlich im Zeitalter der maschinellen Produktion, und ihre Leidenschaft galt dem Wert der Handarbeit und der Schönheit des Materials.

Einer der für mich eindrucksvollsten Gärten, die ich je besuchen durfte, ist wohl der des Privatanwesens meines Helden Harold Peto von Iford Manor bei Bath im Westen Englands. Ich glaube, es war hier, in seinem italienischen Garten, dass ich mich regelrecht in die Arts-and-Crafts-Bewegung verliebte und einfach alles darüber wissen wollte. Vor allem wollte ich erfahren, ob es auch in meinem Heimatland Deutschland eine Verbindung zwischen einheimischen Materialen und deren Verarbeitung gab und wo ich solche Beispiele finden konnte.

Noch immer versuche ich, in all meinen Planungen auf die Materialien der Lokalität und die Verarbeitung eines Materials in einer bestimmten Region hinzuweisen und meine Kunden von der Idee, indische oder chinesische Sandsteine in Preußen oder Bayern in den Garten zu legen, abzubringen. Meist gelingt es mir, manchmal trennen wir uns auch einfach wieder, da werde ich mit jedem Jahr komischer, das gebe ich gerne zu.

Mir ist es wichtig, das historische und fast verloren gegangene Wissen um die Materialen einer Region weiterzugeben, weil es einer dieser Werte ist, die unsere Geschichte und unsere Traditionen festigen. Denn wer glaubt, dass wir bei der Globalisierung nicht mitreden können, hat sich gewaltig geirrt, wir sind die Globalisierung. Noch können Sie und ich entscheiden, ob wir in Köln eine einheimische Grauwacke als Terrassenmaterial verwenden oder in München einen Muschelkalk legen – noch entscheiden wir. Aber wenn diese einheimischen Natursteinbrüche schließen, weil uns unser Stein zu teuer ist, dann werden wir natürlich bald nur noch den billigen Stein aus China haben, und es steht zu befürchten, dass die Chinesen dann unseren Steinbruch kaufen, um ihn nach China zu bringen.

Ich schweife ab. Aber es ist doch traumhaft zu wissen, dass fast jede Region ihr eigenes Gestein hat und dass dieses Gestein natürlich auch am besten für diese Region geeignet ist. Im gesamten Berliner Raum liegen riesige, dickbäuchige Granitsteinplatten, die der Berliner liebevoll »Schweinebauch« nennt. Diese 600 Millionen Jahre alten Granodioriten wurden im 19. Jahrhundert aus der nahen Lausitz und Schlesien nach Berlin gebracht und für die wachsende Stadt als Sinnbild der Solidität verlegt.

Das war ein Witz für meine Mutter, die dieses Buch bestimmt lesen wird, denn als Hamburgerin regt sie sich gerne über das unsolide Berlin auf. In Brandenburg wurde viel mit Bernburger Pflaster im Außenbereich hantiert, meist in Berliner oder preußischer Passe, eine Verlegeart, die leider auch langsam verloren geht. Das Bernburger Pflaster ist jenes Kleinsteinmosaikpflaster, das sich ausgesprochen gut für Aufstände und Revolutionen jeder Art eignet, passt es doch bestens in eine Erwachsenenhand und ist sehr leicht aus dem Gehweg zu entfernen, weil es nur in Sand verlegt wird. Die Berliner Passe ist ein Diagonalverband, der beim ersten Hinsehen den Eindruck erweckt, keine absichtliche Systematik zu haben. Doch weit gefehlt: Wer einmal entdeckt hat, wie liebevoll unsere Gehwege in Berlin verlegt sind, der wird auch die preußische Passe erkennen. Sie ist fast ein wenig wie Preußen selbst, nach außen unbeugsam in der Erscheinung und nach innen sehr strukturiert.

Überquert man den Rhein gen Süden, dominiert eine ganz andere Art der Pflasterung: der Segmentbogen, und auch die Materialien werden weicher, milder, wohl wegen des milden Klimas. Hier wird auch schon mal mit mediterranen Steinen aus Italien und Portugal gearbeitet wie zum Beispiel Porphyr und Travertin, aber auch der einheimischen Grauwacke. Dies soll ja kein Steinbuch werden, aber diesen kleinen Appell für die Verwendung unserer tollen einheimischen Materialen möchte ich dennoch nicht vergessen haben. Das Gleiche gilt übrigens auch für Holz; das muss auch nicht aus den Tropen kommen, damit wir uns in unsere zarten Füße keine Spreißel reißen.

Zurück zum eigentlichen Thema: dem Gärtnern. Es vergeht kein einziger Tag, an dem ich nicht gefragt werde, ob ich es denn nicht bereue, zurückgekommen zu sein, aus dem Land der Gärten ins Land der Techniker, und meinen schönen Garten in den Cotswolds gegen einen Hinterhof in Berlin-Schöneberg eingetauscht zu haben. Diese Frage beantworte ich – je nach Tagesform und Jahreszeit – mal mit Ja, mal mit Nein und manchmal mit Nein und Ja. Natürlich fehlen mir das Land und die Menschen mit ihrer gelassenen Demut, ihrer uneingeschränkten Hingabe und Leidenschaft zum Gärtnern. Ich vermisse die unaufgeregten Autofahrer, die sich auf einer kurvigen Landstraße nicht den Hals verdrehen, während sie einen mit halsbrecherischer Geschwindigkeit überholen. Und am allermeisten fehlen mir die ruhigen, gepflegten und vor allem nicht zersiedelten Landschaften von Kent und Sussex, Cornwall oder Wales, Oxfordshire und Wiltshire, dem Lake District und all den anderen schönen Landstrichen und Grafschaften.

Doch meine neue alte Heimat Deutschland hat mich mit offenen Armen empfangen, mir gezeigt, dass auch hier – sogar in Berlin – versteckte Oasen, schöne Gärten und liebevolle Menschen leben, die jeglicher Kultur und auch der Gartenkultur sehr zugeneigt sind. Ich habe feststellen dürfen, dass auch in meinen neuen Mitbürgern die Sehnsucht nach Natur und Garten stetig wächst und es ihnen nicht egal ist, wie wir damit umgehen. Dass uns die Berliner, aber auch so viele andere Menschen aus dem ganzen Land so offen mit unserer Gartenakademie empfangen haben, wissen wir sehr zu schätzen, und deshalb schauen wir auch fast kaum noch zurück in die Idylle unseres früheren Lebens.

Aber zurück zu England. Es ist bestimmt auch und vor allem eine Mentalitätsfrage, wie sich eine Region landschaftlich entwickelt. In England haben die Planer immer sehr viel Wert darauf gelegt, das Land nicht zu zersiedeln, und es wurden und werden noch immer sehr hohe Auflagen mit einem Bau in der Landschaft verbunden. Diese Auflagen sind bis zum heutigen Tag ausschließlich landschaftlicher Natur, das heißt, sie sind zum Schutz der Natur entstanden und können auch mit Geld nicht erkauft werden.

Das ist letztendlich auch der Grund, warum Immobilien – gerade auch auf dem Land – unerreichte Höchstpreise erzielen. Weil sich nun aber seit einigen Jahren die nicht so vermögende ländliche Gesellschaft diese Preise nicht mehr leisten kann, werden vielerorts die Dörfer im regionalen Baustil großflächig erweitert.

Und so wie die Engländer sich wehren gegen die Zerstückelung ihrer Landschaft, verteidigen sie nun auch ihre ganze Insel gegen Europa. Wobei es sich auch dort schon in einigen Ecken herumgesprochen hat, dass die Britischen Inseln nördlich des Ärmelkanals und nicht östlich des Ganges liegen. Mehr möchte ich zum Thema Brexit hier nicht und auch an keiner anderen Stelle schreiben, bin ich doch zu sehr ins Herz getroffen. Aber wie lautet noch der treffliche Satz? »*It's not over until it's over!*« Doch das habe ich schon an einer anderen Stelle geschrieben, passt offensichtlich öfter.

Zum Thema der Unterschiede zwischen den Nationalitäten seien noch zwei kleine Geschichten kurz erzählt, die eng miteinander verwoben sind. Während meines Studiums hatte ich häufig Gelegenheit, meinen Mitmenschen aus nächster Nähe zuzuhören, hockte ich doch irgendwo in einem Beet zum Unkrautjäten und wurde als untertänige Gärtnerin oft nicht wahrgenommen. So begab es sich einmal, dass ein Vater sein Kind im Kinderwagen in den Schatten einer großen Kiefer fuhr und zu meiner Überraschung dort nicht etwa Sonnenschutz suchte, sondern einzig und allein dorthingefahren war, um dem Kind laut und deutlich den lateinischen Namen, die Familie und das Herkunftsland des Baumes vorzulesen. Tja, was soll ich sagen, er war halt ein Engländer mit ambitionierten Plänen für seinen Nachwuchs. Man kann wohl gar nicht früh genug mit solch einer Aufgabe anfangen.

Auf der anderen Seite meiner Erlebnisse zu diesem Thema steht die Geschichte von dem Vater, der seinen Sohn auf mich aufmerksam machte, wie ich da so im Staudenbeet Unkraut jäte, und auf Deutsch sagt: »Schau, wenn du weiterhin so schlechte Zensuren mit nach Hause bringst, musst du später auch so eine Arbeit machen.«

Wäre ich nicht so perplex gewesen, hätte ich bestimmt etwas Lustiges geantwortet – in meiner Muttersprache. Wahrscheinlich spiegelte der Moment zu sehr die Misere wider, in der sich mein Beruf der Gärtnerin befand und auch leider heute noch häufig befindet. Warum der Gärtnerberuf hierzulande so ausgesprochen schlechtgeredet wird, ist mir ein echtes Rätsel, denn es ist eine der Königsdisziplinen unter den Handwerken.

Achten Sie mal drauf: Wenn jemand vor uns kniend oder gebückt arbeitet, tendieren wir dazu, wegzusehen. Woher ich das weiß? Ich gärtnere ab und an in der Gartenakademie, und sobald ich eine gebückte Haltung einnehme, verschwinde ich aus dem Blickfeld der Menschen um mich herum, ohne mich zu verstecken. Das ist einfach so. Ich werde auch nicht mehr erkannt in der Pose des Untertans, und es werden mir keine intelligenten Fragen gestellt; gebückt werde ich nur gefragt, wo die Toiletten sind.

Frühling: Anfang Mai bis Anfang Juni oder Wonnemonat in knalligen Farben

Für Karl Foerster und alle anderen Gärtner beginnt der echte Frühling erst mit dem 1. Mai.

Zu diesem Zeitpunkt sollte selbst der Rasen schon aufgelaufen und grün sein. Und erst jetzt ist der richtige Moment gekommen, um sich Sorgen zu machen, wenn etwas nicht wächst! Es ist somit auch die beliebteste Zeit, in die Gärtnereien und Gartencenter auszuschwärmen, um Ersatz zu suchen. Ohne zu unken, sei daran erinnert, dass der Mai hinter seinem sonnigen Gemüt leider auch die von Gärtnern gefürchteten Eisheiligen versteckt. Seit Hunderten von Jahren – und somit lange bevor es Wetteraufzeichnungen gab – werden diese fünf Tage vom 11. bis 15. Mai bei Gärtnern und Landwirten mit Ehrfurcht erwartet, wobei es auch gut sein kann, dass diese Kälteperiode zwischen dem 21. und 23. Mai liegt. Der Grund dafür ist nicht der Klimawandel, sondern eine kalendarische Umstellung. Wichtig ist zu erwähnen, dass, sollte Frost angesagt sein, in diesem schönen Monat die neu erworbenen einjährigen Sommerblüher in der Nacht abgedeckt werden sollten; oft reicht ein Hütchen aus Zeitungspapier.

Für mich als Maikind ist der Wonnemonat die schönste Zeit im Garten, denn jetzt zeigen sich gefühlt nicht nur Hunderte von unterschiedlichen Grüntönen und konkurrieren in fast schon penetranter Art und Weise um unsere Aufmerksamkeit und um das Sonnenlicht, sondern es beginnen auch die kräftigen Blütenfarben. Knallige Farben sind in diesem Monat angesagt, Azaleen blühen in unsagbaren Gelb-Orange-Rot-Lilatönen – ich weiß, die heißen jetzt Rhododendron, aber Azalee ist schöner und besser zu behalten. Ja und unter den verblühten Kirschbäumen beginnen dann natürlich auch die wirklichen Rhododendren ihren Zauber zu entfalten. An Fassaden und Pergolen blühen Glyzinien und frühe Clematis, und in den Beeten darunter, zwischen den späten Tulpen und Narzissen, fangen auch Iris und Akeleien an zu blühen, meist in Blau-Lila-Weißtönen. Die Pfingstrosen läuten dann den Juni ein – gefühlt blüht im Mai, Juni eigentlich alles. Dass die Iris im Mai in voller Blüte steht, ist mir besonders gut im Gedächtnis geblieben, weil es meinen Vater fast auf die Idee gebracht hätte, ich könne doch Iris heißen; das wurde dann aber von meiner italienischstämmigen Mutter abgewendet.

Wer mit Gemüse beginnen möchte – jetzt ist der richtige Zeitpunkt. Gerne in dieser Phase auch auf den Mond achten. Wer im Mai zwischen Vollmond und Neumond, also im ersten Viertel des zunehmenden Mondes, alles setzt und pflanzt, was oberirdisch wächst, könnte bessere Erfolge verzeichnen als der, der das ignoriert. Dazu gehören Artischocken, Blattsalat, Spinat, Mangold, Spargel, Porree, Kohl aller Art, aber auch Fruchtgemüse wie Auberginen, Bohnen, Gurken, Kürbisse, Tomaten und Zucchini. Hat man Zeit und Geduld und einen leichten Hang zu unkonventionellen Wegen, dann sollte man das mal versuchen. Wer sein Gemüse früher setzt, könnte allerdings Pech haben, denn der Boden ist dann für viele Arten noch zu kühl, und das nehmen bestimmte Gemüse einem auch tatsächlich sehr übel. Erst im letzten Jahr habe ich bei meiner Mutter schon im April Bohnen gesetzt, weil ich dachte, es ist schon schön warm, und wer weiß, wann ich wieder da bin. Pustekuchen, das war reine Zeitverschwendung, denn von meinen Bohnen sind nur drei aufgelaufen und wurden in Windeseile von den im Mai gesetzten Bohnen meiner Mutter überholt. Mehr zum Thema Gemüse später.

Wer im Mai, Juni keine Blüten im Garten hat, der hat definitiv etwas falsch gemacht. Gemeiner gesagt: Im Mai, Juni kann *jeder* Garten – die Kunst liegt darin, ihn fünf Monate vorher und fünf Monate nachher auch schön und wenn möglich blühend zu haben.

Vom richtigen Zeitpunkt

Alle sprechen von Gartenarbeit, nur selten wird aus ihr eine liebevoll gemeinte Tätigkeit, und das liegt vor allem daran, dass wir uns – meist aus Unwissenheit – zum Sklaven des Gartens machen. Viele gärtnerische Tätigkeiten würden den Gartenbesitzern wesentlich mehr Freude bereiten, würden sie sich doch nur nicht ständig wiederholen. Und genau hier kommt eben der richtige Zeitpunkt ins Spiel. Ein Beispiel aus dem häuslichen Leben: Mittlerweile kochen fasst alle Menschen gern, aber niemand mag den Abwasch. Das ist im Garten ähnlich: Alle hängen gerne im Garten ab und grillen, aber keiner mag den Rasen mähen, und dann gibt es da ja auch noch im Haus den Abwasch. Der Trick ist also, entweder die Sache mit dem Abwasch und dem Rasen den Freunden zu überlassen oder sich besser zu organisieren.

Aber weg vom Rasen, dem ist ein eigenes Kapitel gewidmet. Man kann im Garten ganz viel zum falschen Zeitpunkt tun und damit unendlich viel Freizeit verplempern. Das beginnt bereits bei der Vorbereitung und Planung des Gartens. Ich möchte hier kein Plädoyer für die Gartengestaltung halten, aber es geht leider schon genau da los. Viele Menschen bestellen sich eine Gartenbaufirma oder einen Gartengestalter ins Haus, ohne zu wissen, was sie eigentlich von ihnen wollen. Da kommt man ahnungslos in den wildfremden Garten und soll nach kürzester Zeit dem Hausherrn sagen, was man ändern würde und wie man den Garten verbessern könnte. Falsch! *Sie* sollen da wohnen, nicht ich oder der Gärtner. Ich weiß, wie ich den Garten gestalten würde, wenn er mir gehörte. Sie geben ja bei einem Autokaufwunsch auch nicht Auto in die Suchmaschine ein, oder? Deshalb ist es wichtig, den Gärtner oder Gestalter erst zu holen, wenn Sie in etwa wissen, was Ihnen gefällt. Am besten vorbereitet sind sie mit ein paar Bildern oder Abbildungen von Gärten, die sie mögen. Das ist eine Aufgabe für die Wintermonate; wer es verpasst, muss viel Lehrgeld zahlen.

Wenn Sie dann eine Planung in Händen halten, warten Sie bitte nicht bis zum April mit dem Buchen des Gärtners, sondern – daran sei hier noch mal erinnert – holen Sie ihn rechtzeitig, sodass er auch noch Zeit hat, ein Angebot zu erstellen. Im Frühjahr oder Sommer ist eine gute Zeit zum Bauen des Gartens. Das gefällt den meisten zwar nicht, weil sie ja dachten, da liegen sie schon im frischen Gras, aber der Winter ist nur sehr selten so milde, dass sich dieser Traum erfüllt. Wer im Sommer oder Spätsommer seinen Garten baut und im Herbst bepflanzt, der hat viele Meter Vorsprung vor denen, die die Zeit nicht abwarten können und alles auch gern schon mal im Sommer pflanzen. In der Hitze gepflanzte Pflanzen sind keine glücklichen Pflanzen und werden Sie das auch schon bald wissen lassen. Sie brauchen ganz viel Aufmerksamkeit, Wasser und Dünger, und oft schaffen sie es dennoch nicht. Wer seinen Garten im Sommer baut und im Herbst bepflanzt, der ist im richtigen Fahrwasser. Im Herbst entspannen die Pflanzen im Boden, können sich akklimatisieren und ein wenig umschauen, was um sie herum so los ist. Hört sich vielleicht ein wenig ulkig an, aber wenn Sie glauben, dass die Menschen die Einzigen sind, die nicht gerne umziehen, dann haben sie sich geirrt.

Wer in kalten Gegenden lebt, möchte vielleicht die Staudenpflanzung ins Frühjahr legen, um Ausfällen vorzubeugen. Nun kommt der etwas schwierigere Teil: die Sache mit dem Geld. Ich höre Sie fragen, was hat denn Geld mit dem richtigen Zeitpunkt zu tun? Tja, wer aus Sparsamkeit davor zurückschreckt, die Menge an Pflanzen zu setzen, die der Gärtner vorgeschlagen hat, wird spätestens im darauffolgenden Jahr mit extra viel Unkrautjäten bestraft. Wenn Sie wüssten, wie viele Kunden ich habe, die mir sagen: »Och, ich pflanze einfach ein paar weniger, mir macht es nichts aus zu warten.« Aber worauf wollen sie warten, aufs Unkraut? Beim Auto würden Sie ja auch nicht sagen, ich nehme das erst mal mit drei Rädern, einem Sitz und einer Tür, und dann sehen wir weiter. Wer Zeit im Garten sparen möchte, sollte möglichst wenig nackte Erde haben.

Kaum ist der Garten fertig, beobachte ich ein anderes recht verstörendes Phänomen. Viele Gartenbesitzer stört es, wenn Pflanzen dann tatsächlich wachsen. Erst ist man ganz entzückt, dass die Pflanze angegangen ist – ich musste lernen, dass das hier so heißt –, und dann, kurze Zeit später, fühlt man sich ihrem Wachstum hilflos ausgesetzt. Der Hilfeschrei kommt meist schon nach wenigen Jahren: Die Pflanzen wuchern einem über den Kopf, und man weiß vor lauter Arbeit – da ist es wieder, das A-Wort – nicht, wo man anfangen soll. Am besten gleich eine gute Schere kaufen und dann immer zum richtigen Zeitpunkt schneiden. Sagt sich so einfach, ist es auch. Also von Obst und Beeren mal abgesehen, sollte man alles, was vor Juni blüht – zum Beispiel Forsythien, Flieder, Schneebälle oder Zaubernüsse – nach der Blüte schneiden, damit sie im darauffolgenden Jahr wieder blühen. Alle anderen Sträucher, die erst ab Juni blühen, sollten im Spätherbst oder Winter geschnitten werden. Nur die Rosen machen da eine Ausnahme; sie werden geschnitten, wenn die Forsythien blühen.

Hecken müssen auch nicht mehrmals im Jahr geschnitten werden. Hören Sie einfach auf Ihre innere Stimme und Ihren Instinkt, nicht auf den Nachbarn oder die Schwiegermutter. Eine Hecke muss nicht immer wie abrasiert aussehen, sie darf auch mal über den Gehweg oder zum Nachbarn herüberhängen. Ein einziger Schnitt zur richtigen Zeit reicht; Eiben würde ich zum Beispiel erst Ende August schneiden, aber kräftig, bis ins alte Holz; Rotbuchen und Hainbuchen sollten erst nach dem längsten Tag geschnitten werden, also nach dem 21. Juni, besser noch im Juli, weil sie dann nicht mehr so stark nachtreiben, da der Pflanze die Tage zu kurz sind. September wäre schon arg spät, da hat die Pflanze keine Zeit mehr, um sich zu erholen.

Stauden lassen Sie einfach über den Winter stehen und schneiden sie im frühen Frühjahr ab. Bleibt nur noch der Rasen, hier würde ich mal über eine Wiese nachdenken oder einen Rasenroboter. Ich liebe Rasenroboter, da gibt es weder den Freitagsrasen noch den Krach, aber immer eine schön gemähte grüne Fläche. Ach und übrigens, wer einen Rasenroboter hat, der hat keine Mühe mit Maulwürfen, die hassen die ständige Kurverei über ihrem Zuhause (mehr dazu im Kapitel »Wühlmäuse und andere Herausforderungen«).

Gerne auch ein bisschen Gemüse

Der Wunsch nach eigenem Angebauten wächst stetig; vor allem Eltern und junge Menschen bitten immer öfter darum, unbedingt ein paar Gemüsebeete in die Gartenplanung zu integrieren. Das ist per se eine grandiose Idee, sollte dennoch gut überlegt sein, denn wenn Gemüse anbauen einfach wäre, hätte auch ich Gemüsebeete.

Manche Freunde bezichtigen mich, weder Rasen noch Gemüse zu mögen, doch das möchte ich vehement als Falschurteil zurückweisen. Richtig dagegen ist, dass mich an Gemüse und Rasen die gleichen Dinge stören: dass sie ständig und stetig mindestens 30 Wochen im Jahr Aufmerksamkeit benötigen. Und das leider nicht im Winter, wo ich viel mehr Freizeit habe als im Sommer, wo eh schon immer so viel los ist. Es gibt keinen schönen Rasen oder gutes Gemüse ohne echte Hingabe, und es ist wohl eher diese Hingabe, für die ich mir die Zeit nicht nehmen möchte, wohl auch, weil ich es nicht muss, denn es gibt ja durchaus schönes Gemüse im Sommer zu kaufen. Ich höre einen Aufschrei von passionierten Gemüsefreunden, die mir mit Recht sagen, dass das selbst angebaute Gemüse ja viel besser schmeckt, gesünder ist und selbstverständlich auch frischer. Stimmt, aber ich schaffe es trotzdem nicht, da bin ich einfach ehrlich mit mir, und das muss jeder für sich entscheiden. Denn ohne Frage könnten wir Gartenbesitzer uns von unseren kleinen Gärten autark ernähren, allerdings müsste dafür wahrscheinlich eine Person ganztägig den Garten bewirtschaften. Ich will die Sache mit dem Gemüse weder verkomplizieren noch die Menschen davon abhalten, es auszuprobieren. Ich möchte eigentlich nur sagen, dass Gemüse die Königsdisziplin des Gärtnerns ist. Für sie muss man nicht nur eine große Menge an Demut, Geduld und Disziplin aufbringen, sondern vor allem eines: Zeit.

Ich habe mich in meinem gärtnerischen Tun nie so verschätzt wie bei der Anzucht von Gemüse. In meinem ersten großen Garten in England hatte ich mir gleich nach dem Bau der Gin-Tonic-Terrasse – Wichtiges immer zuerst – vier sehr schöne, in Eichenholz eingefasste, leicht erhöhte Gemüsebeete gebaut, vier mal fünf Quadratmeter. Sah super aus. Während meines Studiums am Botanischen Garten, Kew, hatte ich lernen dürfen, wie das geht mit dem Gemüse, denn wir Studenten durften ein ganzes Jahr lang jeder einen Gemüsegarten von 25 Quadratmetern anlegen und erhalten, sozusagen als Teil der Ausbildung und natürlich auch, um uns zu ernähren. Hier und im Studium der biologisch-dynamischen Landwirtschaft hatte ich viel mitbekommen von Fruchtfolgen, Mischkulturen und Begleitpflanzen, aber das nun nebenberuflich oder gar nur an Wochenenden zu praktizieren, grenzte an Madness. Da brauchte man schon eine eiserne Disziplin mit so hübsch eingefassten Beeten, aus denen in regelmäßigen Abständen edles Gemüse hervorkommen sollte. Meine vier Beete rächten sich für jegliche auch noch so kleine Vernachlässigung mit grandiosem Unkrautwuchs, wenig Ernteergebnissen und vielen blühenden Gemüsearten. Denn wenn man Gemüse nach dem Auflaufen – so nennt man es, wenn eine Pflanze gerade die ersten zarten Blätter zeigt – nicht regelmäßig wässert, bildet es gar keine Frucht, sondern stirbt entweder auf der Stelle oder schießt in die Höhe, blüht und stirbt dann. Das Resultat ist das gleiche. Ergo: viel schlechtes Gewissen und keine Ernte. Die Erlösung kam erst mit der Anschaffung von drei Zwerghühnern (Matilda, Brunhilde, Klothilde) und dem Hahn (Henry I), die jegliches Gewollte und Ungewollte aberntete. So hatte ich wenigstens auch kein Unkraut mehr im Gemüsebeet, aber ob das die beste Lösung war?

Meine Empfehlung: erst einmal mit ein paar Sorten Gemüse im Staudenbeet beginnen, da ist immer irgendwo Platz, und es stört nicht so, wenn die Karotten verfrüht blühen – im Gegenteil, das sieht tatsächlich nett aus. Ein paar schöne und vor allem einfache Anfängergemüse für Staudenbeete, die sich gut integrieren, seien hier genannt: Mangold in unterschiedlichen Stilfarben, die Rote Bete ›Bull's Blood‹, Kletter- und Feuerbohnen aller Art sind äußerst attraktiv, und ein paar Tomaten in Töpfen unterm Dachüberstand an der Südseite des Hauses sind auch nicht zu verachten.

Übrigens empfehle ich auch gern, Kräuter gleich mit in ein sonniges Beet zu pflanzen und auf ein Kräuterbeet zu verzichten; die sehen eigentlich nur im Süden gut aus. Borretsch, Dill und Fenchel lassen sich ohne Weiteres in Staudenbeete einfügen. Kapuzinerkresse ist ein prima cache-misère für Faule; man muss ihr nur ab und an sagen, wo es langgeht, und schon ist ein unansehnliches Beet attraktiv eingefasst.

Wovon ich abraten möchte, ist zu viel auf einmal zu probieren, zu viele unterschiedliche Gemüse, zu viel intelligente Begleitpflanzen oder zu viel esoterisches Wissen.

Damit meine ich, wenn Sie nicht wirklich etwas von Pflanzen verstehen, sich aber gleich ins Abenteuer stürzen und mit Fruchtfolgen, Begleitpflanzen und auch noch dem Mondkalender arbeiten, kann das nur in die Hose gehen. Momentan quillt das Informationsangebot zu Gemüse und Garten förmlich über mit Tricks und Tipps, aber glauben Sie mir: Mit Gemüse ist es ein wenig wie mit Radfahren oder Schwimmen, es ist sehr schwer, es von den Erfahrungen anderer zu lernen. Versuchen Sie bei Gemüse zu Ihrem eigenen Schutz immer nur einen Schritt auf einmal zu gehen, damit Sie die Rückschläge nicht als ganz so verheerend empfinden. Viele Jahre Gartenerfahrung haben mir eigentlich nur eines gezeigt: dass man kaum etwas als so ungerecht empfindet, wie wenn all die liebe Mühe im Garten keine Früchte trägt, und – was noch viel schlimmer ist – man tendiert in den ersten Jahren dazu, Misserfolge sehr persönlich zu nehmen.

Um noch einmal kurz auf den Mondkalender zurückzukommen: Auch da möchte ich Sie auf keinen Fall entmutigen, versuchen Sie es! Ich bin seit Jahrzehnten ein Fan vom Maria-Thun-Kalender, nur weiß ich auch, dass es unrealistisch ist, wochenlang auf einen Wurzeltag zu warten, um dann festzustellen, dass ich an dem Tag gar nicht da bin. Auch will man als Amateur nicht wirklich immer bei strömendem Regen und scheußlichem Wetter in den Garten; viele von uns sind ja nun doch eher von der Sorte Schönwettergärtner, und da möchte man nicht raus, nur weil der Mond im Krebs steht. Vielleicht lohnt es sich, die Theorien dieses astronomischen Ansatzes erst einmal in groben Umrissen nachzuvollziehen, also zu verstehen, was es bedeutet, wenn der Mond zu- oder abnimmt, denn das hat ja zweifellos Einfluss nicht nur auf Ebbe und Flut, sondern auch auf unsere Pflanzenwelt.

Wer ein Händchen dafür hat und über viel Energie und Zeit verfügt, der mag das alles miteinander verbinden und wird auch Schönstes ernten. In der Ruhe liegt hier die Kraft.

Familiengärten

Bitte verstehen Sie mich nicht falsch, ich mag Kinder, und Kinder im Garten finde ich großartig. Was ich nicht mag, sind Kindergärten. Also eigentlich meine ich Grundstücke, die mit Garten – also Pflanzen, Blumen und Bäumen – nichts am Hut haben, sondern in denen ausschließlich ein Sammelsurium gut gemeinter Spielgeräte herumsteht.

In meiner Familie gab es eine Zeit lang auch so einen »Garten«, denn kaum hatte meine Nichte das spielfähige Alter erreicht, verwandelte sich ein Großteil des Grundstücks in den Heidepark Soltau. Ein Trampolin ist gut für die Bewegung, eine Schaukel – auch gut für die Bewegung, am besten gleich ein Schaukelgerüst mit mehreren Schaukelfunktionen, noch kennt das Kind ja seine Präferenzen nicht; ohne Sandkiste ist kein Garten für Kinder perfekt, am besten mit einem Häuschen und einem Kaufmannsladen dran, und so füllt sich der Garten mit einem Potpourri aus den gängigen Warenhäusern. Und ich frage mich, warum einfach nur Garten nicht ausreicht.

Wenn mein Patenkind am Wochenende in seine Spielhölle aufs Land kommt, läuft es am liebsten zur Oma in den Gemüsegarten, denn dort findet es alles, was es mit Garten verbindet. Die Kleine liebt es, im Boden zu wühlen, Gemüsepflanzen zu setzen und zu gießen. An jedem Wochenende, an dem sie rauskommt, läuft sie zuerst zu ihrem Gemüse, regt sich auf über Wühlmäuse und Schnecken, verbringt Stunden mit Jäten und präsentiert überglücklich die ersten Tomaten. Eigentlich mag sie Gemüse nicht so sehr, aber dieses Gemüse hat nichts zu tun mit den Dingen, die aus dem Supermarkt kommen; diese Tomaten, Bohnen, Zucchini und Gurken hat sie mit eigener Hand ausgesät, Oma hat sie unter der Woche gegossen – ein Detail, dem wir hier keine weitere Aufmerksamkeit schenken wollen –, und nun kann sie sie ernten. Ein Zyklus, der dem jungen Menschen zeigt, dass er/sie die Sache in der Hand hat. Essen und Trinken ist ihre Angelegenheit, heute mehr denn je. Die Zukunft meiner Nichte liegt zwar momentan noch in unserer, aber sehr bald schon in ihrer Hand.

Ich habe in all den Jahren, die ich mich nun schon mit Gärten und Eltern befasse, die es wirklich gut meinen mit ihren Kleinen, entschieden, mich nicht einzumischen. Wenn mir gesagt wird, dass jetzt die Kinder den Garten brauchen und man erst in ein paar Jahren daran denkt, den Garten schön zu machen, ist für mich sowieso erst einmal nichts zu tun. Sehe ich aber eine Chance, und die Grundstücksbesitzer sind offen für Veränderung, sage ich ihnen ganz klar, dass die schönsten Gärten jene sind, in denen Garten, Spielgeräte und Erwachsenenfreizeit in einer gesunden Balance stehen. Es ist nämlich durchaus möglich, einen Garten so zu gestalten, dass die langlebigen Geräte wie Trampolin und Schaukel integriert werden und dabei nicht das Zentrum des Gartens ausmachen, aber einen wichtigen Bestandteil. Kurzlebigere Spielgeräte wie Sandkiste, Federwippen oder Rutschen hingegen können auch gerne ein strategisch wichtiges Plätzchen einnehmen, da man sie dann ja beizeiten leicht wieder entfernen kann. Oft wird ein ehemaliger Sandkastenplatz in seinem späteren Leben zum Wasserbecken oder zu einem neuen kleinen Sitzplatz. Aber damit das funktioniert, muss diese Möglichkeit bereits bei der Planung bedacht werden.

Häufig möchten Familien eine Kinderecke im hinteren Gartenbereich geplant haben, doch Kinder wollen nicht in hinteren Ecken sein, schon gar nicht, wenn sie klein sind. Im Sandkistenalter möchten sie nicht 200 Meter von der Mutter entfernt Sandkuchen backen. Eine Sandkiste gehört erstens in den Schatten oder Halbschatten, damit Kleinkinder keinen Sonnenstich bekommen, und dann möglichst in Terrassennähe, damit das Kind seine Missgeschicke und sein Glück teilen kann. Versteckte Spielbereiche werden in der Regel erst ab einem Alter von fünf, sechs Jahren gerne angenommen, wenn die ersten Schritte der Freiheit geprobt werden.

Eine ganze Reihe interaktiver Spielgeräte wie beispielsweise Klettergerüste wollen Kinder lieber im Beisein von Eltern, Freunden oder Erziehern benutzen – deshalb braucht man sie sich erst gar nicht in den Garten zu stellen. Viel wichtiger ist es, alle Spiel- und Turngeräte in Bepflanzungen einzubetten, denn was auf öffentlichen Spielplätzen nicht erlaubt ist, macht den eigenen Spielbereich erst schön und kuschelig. Das soll natürlich nicht heißen, dass man Rosen ums Trampolin und Fingerhut um die Sandkiste pflanzen sollte, aber Blüten und Gemüse und vor allem ein kleines eigenes Beet helfen, ein natürliches Umfeld zu schaffen.

Nur Rasen und ein paar Fußballtore zu haben, kann allerdings nicht das Ziel eines Familiengartens sein, ganz gleich wie gerne der Vater mit den Jungs Ball spielt. Ich wurde als Kind häufig zur Strafe – so was war früher erlaubt – in den Garten zum Unkrautjäten geschickt, aber im Gegensatz zu meinen Brüdern, die sich sehr schnell wieder verdünnisierten, fand man mich noch bis zur Dunkelheit dort. Für mich war diese Strafmaßnahme ein echtes Geschenk; ich liebte es, stunden-, ja tagelang im Garten herumzuwursteln. Allerdings mochte ich auch Fußball, aber das eine schloss das andere nicht aus. Im Gegenteil. Ich glaube, dass ich das Ballspiel in »meinem Garten« besonders rücksichtsvoll betrieb, weil ich ihn mit Blumen und Pflanzen teilte.

Mir war als Kind der Gemüsegarten im hintersten Teil des Grundstücks immer zu groß. Mit so viel schwarzer Erde, die dann schnell auch mit Unkraut bedeckt war und bei der man nicht wusste, wo sie anfing und aufhörte, konnte ich wenig anfangen. Ich hätte mir ein eigenes, kleines, übersichtliches, ja machbares Beet gewünscht, eine Fläche, die meiner Größe entsprach. Ich habe über die Jahre die Erfahrung gemacht, dass es Kindern hilft, wenn sie ein eigenes kleines Beet haben, das sie erstens flächenmäßig nicht überfordert und in dem zweitens keine schwierigen oder langsam wachsenden Pflanzen angepflanzt werden.

In England – wo auch sonst – gibt es Starterkits für Kleinkinder, und die sind wirklich genial. Sie enthalten nur Samen von Pflanzen, die schnell auflaufen und schnell wachsen, weil Kinder rasch das Interesse verlieren. So sollten zum Beispiel Rote Bete oder Karotten nicht Teil der Erstbestückung eines Kinderbeetes sein, da sie aus Kindersicht ein Äon benötigen, um aus dem Boden zu kommen – da verlieren Kinder gleich zu Anfang jegliche Lust aufs Gärtnern. Am besten beginnt man mit Radieschen, denn die laufen sehr schnell auf; Zucchini sind klasse, weil sie flugs das ganze Beet zuwuchern; Sonnenblumen, weil sie toll hochwachsen; Kürbis, weil das jeder kann, und Tomaten aus eigener Saat sind auch ultracool. Es reicht meist ein eigener Quadratmeter, am besten eingefasst als niedriges Hochbeet, wo klar die Grenze definiert ist.

Ideal ist es, einen Familiengarten anzulegen. Das ist ein Garten, in den sich alle aus der Familie einbringen und in dem jeder für seine Bedürfnisse ein Plätzchen findet. Spielgeräte sind wichtig, sollten aber gut überlegt sein, denn der Garten sollte auch den Erwachsenen als Rückzugsort dienen. Kapitulieren Sie nicht vor den hypothetischen Bedürfnissen Ihrer Kinder! Sie müssen in den Garten nicht pausenlose Bespaßung einbauen. Sträucher, Blumen und vor allem schnell wachsendes Gemüse können für Kinder Vollprogramm sein, ohne dass Sie zum Selbstversorger werden. Allerdings setzt dies voraus, dass die Kinder an den Garten herangeführt werden, man muss ihnen schon helfen, ein Gespür dafür zu entwickeln. Aber das ist wie bei allem anderen: Ein Ballgefühl will ebenso gelernt werden und Radfahren auch. Kinder sind am allerliebsten in der Nähe der Eltern, und die meisten Eltern sind am liebsten an einem schönen Ort, den sie mit ihren Kindern teilen können.

Der grüne Daumen

Ist kein Mythos, es gibt ihn wirklich. In all den Jahren meiner Gartenlaufbahn habe ich ihn schon tausendmal getroffen, doch nach welchen Kriterien er sich seinen Besitzer aussucht, ist mir ein Rätsel geblieben. Denn eines kann man leider ganz klar sagen: Den grünen Daumen bekommt man nicht automatisch, nur weil man viel im Garten herumwerkelt oder gern mit Pflanzen redet, oder gar, weil man das Gärtnern von der Pike auf gelernt hat. Der grüne Daumen sucht sich seine Besitzer völlig willkürlich aus. Ich kenne Gärtner, denen darf man keine Pflanzen in die Hand geben, es sei denn, man möchte die Pflanze loswerden, und dann wiederum gibt es Menschen, die haben überhaupt nichts mit Pflanzen am Hut, aber wenn sich mal eine zu ihnen verirrt, dann blüht sie auf. Eigentlich ja eine echte Gemeinheit, solch ein Talent in Menschen zu verstecken, die sich nichts daraus machen, und andere schier verzweifeln zu lassen, wo sie doch solche Freude am Grünzeug haben.

Ein sehr gutes Beispiel ist meine Freundin Janet. Wir sind etwa gleichaltrig, sie ist Tänzerin, ich Gärtnerin – man fragt sich, wie das so viele Jahre gut gegangen ist mit unserer Freundschaft, zumal sie mir in regelmäßigen Abständen sagt, dass ich tänzerisch völlig talentfrei bin. Ich kann mich aber mit solch einer Frechheit über ihr gärtnerisches Talent leider nicht revanchieren, denn ob man es glaubt oder nicht, sie hat den grünen Daumen. Mit erhabenem Torso und eleganten Bewegungen schreitet sie durchs Leben, und es sind vor allem ihre sehr gepflegten Hände mit ewig langen, ständig farbwechselnden Fingernägeln, die eines sofort preisgeben: Sie ist keine Gärtnerin! Betritt man aber im Sommer ihren doch recht großen Balkon, kommt man aus dem Staunen nicht heraus: Riesenfunkien in Terrakottatöpfen, bei deren Antlitz ich sofort Botox in Verdacht habe; Ginkgobäume, in denen exotische Schlingpflanzen um Licht wetteifern; Kräuter jeder Couleur und nimmer endend Ungewöhnliches, Mitgebrachtes aus jeder Ecke der Stadt. Manchmal erbarmt sie sich einer Pflanze aus unserem Pflanzenlazarett in der Gartenakademie und nimmt sich ihrer an, um sie uns dann ein paar Monate später, vor Gesundheit strotzend, wieder zurückzubringen. Dann sehe ich in ihren Augen den Satz: »Aber nun kümmert euch mal anständig um die, ist doch gar nicht so schwer!«

Jedes Jahr staune ich aufs Neue, wie jemand, der rein gar nichts mit Erde, Pflanzen und Natur zu tun hat, solch ein Händchen für Pflanzen abbekommen hat, und das mit den Fingernägeln. Sie hat den grünen Daumen, ganz ohne Frage. Es gelingt ihr sogar, alle Pflanzen auf dem Balkon durch den Winter zu bringen. Sie macht alles mit Instinkt und aus dem Bauch heraus und ganz offenbar dem richtigen Instinkt und einem sehr schlanken Bauch. Bei meiner Mutter ist das ähnlich. Eigentlich war ja mein Vater der große Gartenmensch in unserer Familie, aber manchmal kam es mir so vor, als hielte meine Mutter in Wirklichkeit das Zepter für den Garten in der Hand. Mein Vater war da sozusagen ausführende Kraft, aber nicht die Person mit dem richtigen Garteninstinkt, das war und ist wohl meine Mutter.

Gerade dieser Instinkt ist es, der sehr vielen Menschen zu fehlen scheint, denn ich beobachte oft Kunden und Nachbarn, wie sie jahrein, jahraus mit den gleichen Pflanzen ihr Stelldichein haben. Was sie auch unternehmen, es will einfach nicht wachsen. Auch der beste Wille scheint nicht zu helfen, wenn der grüne Daumen fehlt.

Ich habe diesen grünen Daumen glücklicherweise auch. Womit ich ihn verdient habe, kann ich nicht genau sagen, aber ich hege, pflege und hüte ihn wie meinen Augapfel, denn was ist schon ein Gärtner ohne grünen Daumen? Eine traurige Figur, ich wage es mir nicht auszumalen. Schon in meiner Sandkiste habe ich Gärten angelegt und Bäume gepflanzt, und manchmal habe ich aus den Beeten meiner Eltern Stauden entwendet und in die Kiste gepflanzt – war zwar nicht der ideale Ort, hat die

Stauden aber gar nicht gestört. Selbst mein Vater war so manches Mal überrascht, dass alles, was ich anfasste oder irgendwo in die Erde steckte, anwuchs. Es dauerte natürlich eine ganze Weile, bis ich feststellte, dass dies eine ganz besondere Gabe ist, die nicht alle Menschen teilen, aber ich begriff sehr schnell, dass man damit Tolles anfangen kann.

Es gibt allerdings auch Menschen, die glauben, dass sie keinen grünen Daumen haben, weil ihnen mal eine Pflanze eingegangen ist, nachdem sie sie drei Wochen lang nicht gegossen haben. Da mangelt es dann nicht am Daumen, sondern dort überwiegt eher die Faulheit. Denn den grünen Daumen haben viel mehr Menschen, als man glaubt, sie müssten sich nur mal trauen, mit der Natur in Kontakt zu treten.

Mein Vorschlag: Besorgen Sie sich im Frühjahr eine Pflanze – oder vielleicht gleich zwei, damit sie nicht einsam ist –, und seien Sie mal eine ganze Saison nett zu den beiden. Sie werden sehen, es ist viel leichter, als Sie denken, und wenn die Pflanzen sterben, dann lag es am fehlenden Daumen. Machen Sie sich nichts draus, Sie haben es versucht und sind gescheitert, das gehört beim Gärtnern zum Programm. Kaufen Sie sich im nächsten Jahr eine andere, einfachere Pflanze, und versuchen Sie es noch einmal. Denn Geduld ist die zweite Zutat zum Erfolg.

Geduld

Sie ist die Tugend, die den wissenden Gärtner schlafen lässt und den unwissenden in den Wahnsinn treibt. Denn besonders im Garten wartet die Geduld auf das Scheitern der Eile.

Als ich 1988 meinen ersten eigenen Garten in den Cotswolds bezog, hatte ich bereits im Januar die ersten Sämlinge von Duftwicken auf der Fensterbank angezogen und noch so einige andere Köstlichkeiten. Doch sie alle schafften es nie in den Garten, hatten sie sich doch viel zu früh auf meiner Fensterbank erschöpft und waren, bis sie in den Garten konnten, an meiner Ungeduld verzweifelt. Lektion Nr. 1: Die Natur holt einen immer ein, sie ist schneller, gewiefter und unverzeihlich gnadenlos in ihrem Selbsturteil. Zu früh ist zu früh und zu spät ist zu spät. Jede Pflanze und jedes Saatkorn hat seinen Moment, seine Periode, und wer versucht, der Pflanze neue Tricks beizubringen, ist zum Scheitern verurteilt, weil sie das nicht mit sich machen lässt. Jedenfalls nicht ohne Gewächshausanlage mit Kunstlicht und Bewässerung, und wenn Sie dann noch bei Monsanto arbeiten, dann will ich nichts gesagt haben. Ansonsten kann ich mit gutem Gewissen behaupten, dass mir die Natur in jeder Lebenslage bis heute die beste Schule für Geduld war. Wer also seinen Kindern etwas über Geduld beibringen möchte, kann es mal mit einem Stückchen Garten und ein paar Pflanzen versuchen.

Um auf das geliebte Thema Rasen kurz zurückzukommen: Der braucht sehr viel Geduld, und er wächst auch gar nicht vor April, denn er benötigt warmen, feuchten Boden unter den Füßen, um glücklich zu sein, und das für mehrere Wochen, wenn nicht sogar Monate. Wer also Instant-Rasen haben will, muss in den sauren Apfel beißen und Rollrasen kaufen. Das Gleiche gilt für Neupflanzungen von Gehölzen, dazu gehören übrigens auch die Rosen. Eine Pflanze, die monatelang in einem Topf gelebt hat oder der gerade erst alle lebenserhaltenden Wurzeln in der Baumschule abgestochen wurden, wird sich nicht innerhalb von Stunden in einen blühenden Rosenbusch oder -strauch verwandeln. Rosen sind wie wir Menschen: Sie brauchen Zeit. Nein, man muss nicht mit ihnen reden, aber wenn man es tut, schadet es nicht. Für ein Gehölz ist so ein Umzug in ein neues Zuhause auch ein Trauma, erst wird ihm die alte sichere Wohnung (der Topf) von den Wurzeln gerissen, und dann soll es sich auch noch in einer völlig fremden Gegend mit unbekannten Feinden und schlechtem Boden anfreunden – das ist alles nicht so einfach.

Die Geduld wird im Garten fast immer belohnt, die Betonung liegt hier auf »fast«, denn manchmal hat er auch etwas völlig anderes vor, und wenn trotzdem etwas Schönes dabei herauskommt, dann spricht man von Zufall.

Im Frühjahr ist die Sache mit der Geduld bei mir sehr schwach gesät, das Schlimmste aber ist das Warten auf die Zwiebeln. Mindestens einmal die Woche sause ich im Februar vorsichtshalber durch meinen Garten, hebe hier und da ein Bündel alten Laubes an, um nachzusehen, ob sich da nicht doch bereits irgendeine Nase zeigt. Wenn nichts zu sehen ist, belasse ich es nicht etwa dabei, nein, ich stöbere dann gern mit dem Finger in der kalten, harten Erde herum für den Fall, dass sich da doch eine Zwiebel versteckt, die mich täuschen wollte. Und wenn ich mir dann endlich eingestanden habe, dass ich mit jedem meiner ungeduldigen Besuche die Zeit der Blüte nicht heraufbeschwören kann, zeigt sich schon ziemlich bald irgendwo das Näschen einer Zwiebel.

Frühsommer: Anfang Juni bis Ende Juni – Wenn alles blüht

Ende Mai, Anfang Juni wird man das Gefühl nicht los, dass alles, einfach alles blüht. Nun dominieren die frischen Farben: klares Weiß, das frische Rosa der Storchenschnäbel und Pfingstrosen, echtes Blau wie von den Rittersporen oder Schwertlilien in bunten Farben, klare Rot- und Orangetöne beim Türkenmohn. Die Liste ist armlang, und ich weiß nicht, wo ich anfangen und aufhören soll. Wer im Juni keine Blüten im Garten hat, der hat entweder einen modernen Geröllgarten, in dem keine Blumen erlaubt sind, oder er hat etwas falsch gemacht, denn eigentlich ist es unmöglich, im Juni nichts Blühendes im Garten zu haben. Ich vergaß, es gibt ja noch eine Reihe von Koniferengärten, also Gärten, in denen vorwiegend Nadelgehölze wachsen. Tja, was soll ich sagen, selbst schuld – solche Gärten tragen auch nicht die Seele durch das Jahr, sie machen eher traurig.

Staudenbeete sollten jetzt zur Höchstform auflaufen und bis Mitte, Ende Juni mit einer geschlossenen Vegetationsdecke abgedichtet sein. Diese Abdichtung ist das A und O im Staudengarten, sie ist sozusagen die Versicherung gegen das Unkraut. Wer im Juni noch nackte Erde im Beet hat, verschickt sozusagen eine Einladung an die Spontanvegetation. Nackte Erde, Sonnenschein und Regen sind das fatale Rezept für Unkraut. Man möge sich das folgendermaßen vorstellen: Jedes Stückchen nackte Erde im Garten ist ein potenzieller Unkrautherd. Der Engländer hat dafür einen netten kleinen Satz: »*One year's seeding makes seven years' weeding*«, was so viel bedeutet wie: Die Saat eines Jahres birgt in sich das Unkraut für die nächsten sieben Jahre. Das ist in etwa richtig, lässt man also ein Unkraut so lange blühen, bis es Saat ansetzt und sich aussät, hat man die nächsten sieben Jahre etwas davon, denn die Saat schlummert im Erdreich und wartet dort ganz genüsslich auf ihre Gelegenheit. Ihr Moment kommt, wenn der Boden nicht von Vegetation bedeckt ist. Wird dann gelockert, tun sich Sonne, Regen und Saat zusammen und ärgern uns mit Unkraut. Das kann verhindert werden, indem für genügend Bodenbedeckung gesorgt wird, entweder mit kriechenden Stauden oder gehölzigen Bodendeckern. Wichtig ist, dass keine nackte Erde zu sehen ist, und dann kann man auch endlich mit dem ständigen Auflockern aufhören.

Allenthalben höre ich, dass es gut ist, immerzu im Beet herumzuwerkeln, mit einer Hacke oder – noch schlimmer – mit einer Harke, damit man die Krume bricht und das Wasser nicht aus dem Boden flüchten kann. In der Landwirtschaft mag das stimmen, da gibt es ja auch viel nackte Erde, im Garten ist das Blödsinn. Auch auf die Gefahr hin, dass mich nun viele Gärtner nicht mehr mögen, es muss ja mal gesagt werden: Das ist eine völlig veraltete Vorgehensweise. Ich sollte gar nicht in der Lage sein, um meine Pflanzen herumzuharken, denn spätestens Ende Mai, Anfang Juni sollte sich die Pflanzendecke geschlossen haben und somit sich selbst vor Verdunstung und auflaufendem Unkraut schützen.

Marianne Foerster hatte an der Scheibe ihrer Eingangstür ein Schild hängen, darauf stand: »Wenn der Gärtner schläft, sät der Teufel Unkraut« – sie hatte vollkommen recht, jeden Besucher darauf hinzuweisen!

Das Lüften des Bodens sollten eigentlich nicht Sie, lieber Gartenbesitzer, machen, sondern die vielen tausend kleinen Mitarbeiter, die sich in Ihrem guten Boden, so Sie denn welchen haben, befinden. Sie sind die eigentlichen Helden des Gartens, sie müssen nur aktiviert und jedes Jahr aufs Neue gefüttert werden. Nun fragen Sie mich natürlich, wie man Boden füttert, und ich könnte ganz gemein antworten, indem Sie nicht harken. Das stimmt zwar, aber es ist auch okay, wenn Sie im Winter oder Vorfrühling Humus aufbringen. Am besten mit gesiebtem Kompost, doch dazu mehr unter Kompost, das führt hier zu weit.

Aber zurück zum Frühsommer, denn er ist für Pflanze und Gärtner ein entscheidender Monat, er beherbergt nämlich den längsten Tag. Ein Zeichen für den Gärtner, dass viele Pflanzen nach diesem Datum nicht mehr allzu viel Zuwachs produzieren, sondern das Produzierte verarbeiten. Sie beginnen die Energie zu speichern und ihre Produktion zu drosseln. Bis auf den Rasen, der wächst fröhlich weiter und hält seine Besitzer auf Trab.

Genau wie wir sind Pflanzen nämlich nicht nur wetterfühlig, sondern vor allem lichtabhängig. Je kürzer die Tage, desto geringer der Zuwachs, und deshalb stellen die meisten Pflanzen im Herbst auch die Produktion von Laub und Energie gänzlich ein.

Im Garten merkt man die Lichtveränderung im Juni noch nicht so sehr, das beginnt erst in der zweiten Julihälfte und nimmt zum Ende des Hochsommers dramatischere Formen an, auch für uns Menschen. In kühleren Regionen des Landes erreichen die Böden erst im Juni genügend warme Temperaturen, um es dem Gemüse recht zu machen; da darf man nicht schlafen, um den richtigen Moment abzupassen. Solche kurzlebigen Pflanzensaisonen gibt es zum Beispiel auch in der schottischen Hochebene; auch da ist der Boden erst im Juni warm, und alles wächst rasant und zeitgleich, weil im August schon wieder die Kälte droht.

Wer Ende Mai, Anfang Juni Sommerblumen aussät, hat meist schon Ende Juni eine ganze Blumenwiese zu ernten, denn sie lieben diesen warmen, taghellen, meist milden Monat.

Nichts ist, wie es früher war, das trifft leider auch aufs Wetter und die Jahreszeiten zu. Aber auf den längsten Tag im Juni, darauf ist Verlass, das ist tatsächlich noch immer der 21. Juni. Und nach diesem längsten Tag beginnen viele wichtige gärtnerische Eingriffe. Wir schneiden die Katzenminze und den Frauenmantel zurück, damit sie so schnell wie möglich noch ein neues Blattkleid produzieren und mit ein wenig Glück gleich noch ein zweites Mal blühen. Wer sich auskennt, kann noch viele andere Stauden zurückschneiden wie zum Beispiel den verblühten Rittersporn oder Lupinen – auch die können durchaus noch eine zweite Blüte produzieren.

Der Siebenschläfer sei hier noch mit ins Spiel gebracht, da eine alte Bauernregel besagt, dass das Wetter am 27. Juni das der nächsten sieben Wochen beeinflusst: »Das Wetter am Siebenschläfertag sieben Wochen bleiben mag.« An der Regel ist tatsächlich etwas dran, allerdings, wie bei den Eisheiligen, gibt es auch hier eine zehntägige Verschiebung, da die Bauernregeln lange vor dem gregorianischen Kalender von 1582 entstanden sind und der Siebenschläfertag somit eigentlich auf den 7. Juli fällt.

Was man über Pflanzen wissen sollte

Ich gärtnere nun gut und gerne seit 50 Jahren, davon etwa die letzten 25 Jahre mit recht solidem gärtnerischen Wissen – ob Letzteres allerdings einen beeinflussenden Unterschied macht, wage ich infrage zu stellen. Denn es haben sich nicht nur die Ansprüche ans Gärtnern stark verändert, sondern vor allem auch die an die Pflanzen. In einer globalen Welt kommen viele Pflanzen in der sich ständig wandelnden Umwelt nicht mehr zurecht. Es gilt daher heute mehr denn je, die Qualen der Pflanzen rechtzeitig zu sehen und zu erkennen, denn ihre Leiden sind vielseitig, aber die Symptome ähnlich.

Es ist ja allseits bekannt, dass wir Gärtner gerne behaupten, die Pflanze sei wohl nicht genug gewässert worden, wenn sie die Blätter hängen lässt. Ist diese Diagnose falsch, weil der Pflanzenbesitzer behauptet, das könne gar nicht sein, denn sie bekomme täglich Wasser, schwenken wir gerne um und behaupten, na, dann bekomme sie wohl zu viel Wasser. Hört sich ein bisschen an, als würde man straucheln, tut man aber nicht, denn die Symptome für zu viel und zu wenig Wasser sind bei den meisten Pflanzen identisch. Die Intensität der Sonne, heftige regionale Temperaturschwankungen sowie die starke Veränderung des Wasserhaushaltes, also der Niederschläge, hat es über die Jahre noch wichtiger gemacht, standortkorrekt zu pflanzen.

England hat ja bis heute durch den Golfstrom ein wesentlich milderes Klima und somit immer schon eine fast doppelt so große Auswahl an Pflanzen wie wir in Deutschland. Meine vielen Jahre in England habe ich vor allem dazu genutzt, die temperaturempfindlichen Pflanzen – besonders immergrüne Gehölze, die oft aus Südamerika, Neuseeland und Australien kamen – zu studieren, um ihr Wachstumsverhalten zu verstehen. Dass die Engländer über eine so großartige Pflanzenauswahl verfügen, trägt sicher auch zu ihrer Gartenleidenschaft bei, und mir fehlen diese Exoten sehr.

Egal, denn nun gärtnere ich ja seit über zehn Jahren wieder hier und ausgerechnet im kalten Berlin, also in der preußischen Sandkiste, und kämpfe vor allem mit den enormen Temperaturschwankungen zwischen Sommer und Winter. Ehrlich gesagt, hier möchte man wirklich keine Pflanze sein. Sechs Monate ist es dunkel und kalt, zwischendrin sogar bis zu minus 20 Grad, mit etwas Glück gibt es auch ein wenig schützenden Schnee. Manchmal fällt das frühe Frühjahr völlig aus, weil sich der Winter dazu entschließt, bis zum April durchzuhalten, was dann schon mal zu einigen heftigen Pflanzenverlusten führen kann. Wenn dann das Frühjahr endlich losgeht, kann es ohne Weiteres gut und gerne schon mal 35 Grad werden, und das stellt für viele Pflanzen eine echte Herausforderung dar. Für den Gärtner ist es ein Albtraum. Wer sich diese Temperaturunterschiede von 55 Grad einmal vor Augen führt, der weiß, was die Pflanzen hier bei uns leisten müssen, um das alles zu ertragen. Und auch wenn dies kein Trost ist, so hilft es vielleicht besser zu verstehen, weshalb sich die eine oder andere Pflanze dann einfach mal verabschiedet.

Man kann grundsätzlich davon ausgehen, dass Pflanzen nicht grundlos sterben, sie sind nicht suizidgefährdet und können auch keine Malaise vortäuschen. Wenn es ihnen schlecht geht, liegt es zu 95 Prozent an uns, den Pflanzenbesitzern. Dass nach den Wintern die meisten Ausfälle zu verzeichnen sind, kommt im Übrigen in vielen Regionen nicht von der Kälte, sondern von der Wintertrockenheit. Gerade in den nördlichen Bundesländern fällt häufig kein schützender und bewässernder Schnee, sodass in Regionen wie Berlin-Brandenburg monatelang, ja manchmal sogar von Weihnachten bis März kaum Niederschlag zu verzeichnen ist. Die dann fehlende Bodennässe kann den erwachenden Pflanzen mächtig zusetzen und die eine oder andere schon mal das Leben kosten. Oder es kann passieren, dass Äcker, Gärten und die freie Natur – wie im Jahr 2017 – so durchnässt sind, dass es aller Wahrscheinlichkeit nach viele Verluste durch Übernässung geben wird. Egal ob zu viel oder zu wenig Nässe, die Natur leidet bei Extremen. Der einzige Weg, die Trockenheit im Frühjahr zu verhindern, wäre frühzeitige Bewässerung, nur wer hat so früh im Jahr schon den Außenwasserhahn in Betrieb genommen? Daher wird dieser Eingriff gerne auf Ende März, Anfang April verschoben, wo es für viele Pflanzen schon zu spät sein kann. Eine gute Zeit, um ein Auge auf die Pflanzen zu werfen, ist daher die Spröde-Lippen-Saison. Wenn wir im Frühjahr trotz steigender Außentemperaturen zum Lipbalm greifen, ist nicht nur die Luft trocken, sondern meist auch der Boden. Dann kann es gut sein, dass unsere Pflanzen leiden und unsere Hilfe brauchen. Deshalb bitte nicht wegschauen! Denn die Pflanzen können sich nicht selbst helfen, sie brauchen uns.

Abgesehen von den Dingen, auf die man kaum Einfluss hat, wie Temperatur und Niederschlag, gibt es natürlich eine ganze Reihe von Möglichkeiten, Pflanzenverlusten vorzubeugen. Eine ist die richtige Pflanzzeit, eine zweite die richtige Pflanzenauswahl. Über viele Jahrhunderte waren unsere einheimischen Pflanzen jene, die unserem Klima am besten standhielten; nun aber wandelt sich das Klima, und vielen unserer endemischen Pflanzen gefällt das ganz und gar nicht. Deshalb werden wir wohl über kurz oder lang auch nicht mehr daran vorbeikommen, andere, dem Klima besser angepasste Pflanzen in unsere Gefilde zu lassen. Aber dies soll ein Buch übers Gärtnern sein und kein Diskurs über Klimawandel.

Pflanzenauswahl und Pflanzzeitpunkt sind nichtsdestotrotz ein wichtiger Aspekt, weshalb ich in diesem Kapitel einmal auf die Ansprüche der unterschiedlichen Pflanzenkategorien eingehen möchte.

Ich bin ja gelernte Baumschulgärtnerin, und als solche habe ich natürlich auch gelernt, dass man Gehölze grundsätzlich am besten im Herbst, Winter oder im zeitigen Frühjahr pflanzen sollte, damit sie sich über die Wintermonate an ihre neue Heimat gewöhnen können, der Boden um sie herum sich festigt und sie, wenn sie dann erwachen, gleich am richtigen Ort sind. Mittlerweile würde ich Gehölzpflanzungen am liebsten nur noch im Herbst, Winter vornehmen, da man heute nicht mehr sicher sein kann, dass im Frühjahr genügend Zeit zwischen frostfreiem Boden und Gehölzblüte ist, um die Pflanzen in den Boden zu bekommen (siehe auch »Vom richtigen Zeitpunkt«).

Bäume

Ob in Gärten, Wäldern oder entlang der Straßen – unsere Bäume werden seit einigen Jahren immer weniger und durch alle möglichen Außeneinflüsse immer kränklicher. Es sind nicht nur Umweltfaktoren, die dazu beitragen, sondern leider häufig auch Unwissenheit. Ich habe an der Gartenakademie ein kleines Klinkergebäude, das sich tatsächlich »Wurzelbeobachtungshaus« nennt. Netterweise habe ich in diesem Häuschen mein Büro, was viele Gäste dazu veranlasst zu glauben, ich würde von dort aus den Pflanzen beim Wachsen zusehen. Dies ist in Teilen nicht verkehrt, denn früher, also zu Anfang des 19. Jahrhunderts, legte man großen Wert darauf, dass Studenten lernten, wie Bäume ihre Wurzeln verteilen und wie sie sich zu ankern wissen. Während Eichen, Kiefern, Tannen und Ulmen eine tiefe Pfahlwurzel entwickeln, produzieren Buchen, Birken, Lärchen und Linden ausgiebige Wurzelnetze, die auch als Herzwurzeln bekannt sind, um sich in der gesamten Umgebung zu verankern. Die Flachwurzler wie Weiden, Fichten, Douglasien oder Hainbuchen begnügen sich hingegen mit einem sehr flachen Wurzelwerk, das fast ausschließlich von Oberflächenwasser lebt. Und so gab es einen sehr langen Raum im Inneren des Wurzelbeobachtungshauses, aus dem heraus man durch eine dicke Glasscheibe beobachten konnte, wie sich bestimmte Baumgattungen, die draußen in erhöhten Pflanzbeeten gepflanzt waren, entwickelten.

Da die Wahl des Baumes natürlich auch Einfluss auf seine Umgebung nimmt, ist es nicht ganz unwichtig zu wissen, ob ein Baum seine Wurzeln überallhin ausstreckt oder ob er nur scharf auf das tiefer sitzende Wasser im Garten ist.

Denn vielen von Ihnen wird schon aufgefallen sein, dass es so ziemlich unmöglich ist, unter Fichten eine schöne Bepflanzung vorzunehmen. Das liegt nicht ausschließlich daran, dass der Boden dort durch die Nadeln recht sauer ist, sondern vor allem daran, dass das flache Wurzelwerk der Fichte sich in alle Richtungen ausgebreitet hat und nun von überallher das Oberflächenwasser abzapft. Das würde bei einer Tanne nicht passieren.

Wie dem auch sei, solch eine Installation wie in unserem Wurzelbeobachtungshaus sollte man auch heute wieder für Studenten der Gartenkultur einführen, denn es würde sehr helfen, wenn die Kunden bessere Beratung bei der Auswahl ihrer Bäume hätten, zumal sich viele Bäume in den neuen Herausforderungen der Natur nicht mehr gut zurechtfinden. Im Grunde würde ich Ihnen raten: Gehen Sie zu einer guten Baumschule, wenn Sie einen Baum suchen, und lieber nicht ins Internet, denn der Blödsinn, der dort auf den Tausenden von Infoseiten behauptet wird, trägt nicht wirklich zur Findung des richtigen Baumes bei. Am besten, Sie bereiten sich auf die Baumsuche vor, denn solch ein Baum soll Sie und möglichst auch nachfolgende Generationen begleiten; da ist es schon sinnvoll, den richtigen zu kaufen. Machen Sie sich eine Liste der Bäume, die Ihnen gefallen, und begeben Sie sich damit zum Fachmann, der wird Ihnen, mit ein wenig Glück, den richtigen für Ihren Standort empfehlen.

Bei Internetbestellungen werden leider oft die Ladenhüter verschickt, und nicht selten entpuppt sich die Pflanze als nicht identisch mit der Beschreibung auf dem Etikett. Das allerdings kann Ihnen auch in der Baumschule passieren. Mich macht es regelrecht wütend – besonders bei Obstbäumen –, wenn ich nach all der Pflanzarbeit einige Jahre später feststelle, dass der Baum überhaupt nicht die Sorte ist, die ich bestellt habe. Dann kommt es darauf an, dass wir alle zusammenhalten und auf Ersatz insistieren, das ist schließlich unser gutes Recht. Oft verlassen sich Gärtnereien nämlich darauf, dass wir, die Kunden, viel zu faul sind, um uns nach all den Jahren noch zu beschweren. Somit geben wir dem Handel recht und machen ihn von Jahr zu Jahr mutiger, immer mehr Mist an die Kunden zu verschicken.

Da sich einige unserer einheimischen Bäume bereits von dieser Erde verabschiedet haben oder zumindest auf dem besten Weg dorthin sind – wie zum Beispiel die Ulme –, sollte die Entscheidung für einen neuen Baum gut überlegt sein. Birkengewächse, zu denen übrigens auch Hainbuchen, Haselnuss und Erlen gehören, lösen bei vielen Menschen mittlerweile kräftige Allergien aus. Platanen erzeugen in den Monaten April und Mai seit Jahrzehnten – in Städten wie London und Berlin und auf Mallorca schon im März – Augenreiben und Husten auch bei Nichtallergikern. Daran sind kleinste, glitzernde, messerscharfe Härchen an den Samen schuld. Einige Baumgattungen – wie zum Beispiel die Rosskastanie – werden durch Schädlinge wie die Miniermotte so schwer in Mitleidenschaft gezogen, dass sie sich als Hof- oder Stadtbaum nicht mehr eignen. In vielen städtischen Bereichen wird man deshalb in den nächsten Jahren wohl oder übel immer häufiger auf Fremdlinge zurückgreifen müssen, damit überhaupt Grün in den Städten ist. Sehr gut eignet sich zum Beispiel der Ginkgo, er ist mit den Nadelbäumen entfernt verwandt und ein lebendes Fossil. Es geht ihm in unseren Städten blendend, weder macht er sich was aus CO_2 noch aus all dem anderen Schmutz, Gift oder den Bakterien in der Luft, aber er hat ja auch schon eine mindestens 270-Millionen-jährige Erfahrung mit der Welt. Zwar zeigt er eine schöne Herbstfärbung und hat im Alter auch einen sehr schönen Habitus, doch nur Ginkgo kann es ja auch nicht sein.

Nun möchte ich hier nicht nur negativ unken, denn neue tolle Klimaziele und die Abschaffung von Kohlekraftwerken und Verbrennungsmotoren werden unsere einheimische Flora vielleicht ja im Handumdrehen wiederbeleben. Bis dahin gilt es, positiv zu denken.

Der Klimawandel bringt außerdem nicht nur Nachteile mit sich, denn seit einigen Jahren ist es an vielen Orten möglich, ganz ungewöhnliche Bäume an geschützten Plätzen zu pflanzen. In einem Hinterhof in Berlin habe ich ein traumhaftes Exemplar einer Immergrünen Eiche, der *Quercus turneri* ›Pseudoturneri‹ entdeckt, einer Kreuzung aus unserer einheimischen Stieleiche und der im Mittelmeerraum lebenden *Quercus ilex* – ungewohnt, aber nun gut möglich. Kann ich übrigens im innerstädtischen Raum sehr empfehlen, da immergrüne Laubbäume auch den daheimbleibenden Vögeln sehr gut gefallen. In unserem kleinen Schöneberger Hinterhofgarten überwintern seit fünf Jahren zwei immergrüne Magnolien (*Magnolia grandiflora*); ursprünglich stammen sie aus dem milden Klima im Südosten Nordamerikas, aber nun erfreut sich die winterliche Fauna an ihrem Schutz. Das liegt vielleicht daran, dass die Magnolie in den ersten Jahren damit beschäftigt ist, eine Pfahlwurzel zu etablieren – wie die Eiche übrigens auch –; ist dies geschehen, bildet sie das berühmte Herzwurzelwerk. Mit anderen Worten: Es gibt Bäume, die eine Weile brauchen, um sich einzugewöhnen, aber dann auch größeren Widrigkeiten standhalten können. Ich hoffe, meine Magnolien gehören dazu.

Und zu guter Letzt noch ein Tipp für eine wirklich erfolgreiche Baumpflanzung: Pflanzen Sie Bäume, wenn immer möglich, lieber im Herbst oder Winter und nicht im Frühjahr. Das gilt besonders dann, wenn Sie sich für einen bereits groß gewachsenen Baum entscheiden. Je älter der Baum, umso schwieriger ist es für ihn, sich an seine neue Umgebung anzupassen, und desto mehr Wert sollte auf die richtige Jahreszeit gelegt werden. Das war früher so und stimmt auch heute noch, selbst wenn Ihnen das gerne ab und an als Seemannsgarn verkauft wird. Sie werden sehen, das Wurzelwerk der Bäume braucht die winterlichen Monate am neuen Ort, um sich einzugewöhnen. Da sind die Bäume uns ziemlich verwandt, denn wir Menschen ziehen ja auch am liebsten zu Weihnachten in ein neues Zuhause ein, damit wir es uns nur recht gemütlich am neuen Ort machen können, bevor das Alltagsleben wieder losgeht. Und je älter wir sind, desto schwieriger wird die Sache mit dem Umzug.

Sträucher

Sträucher sind nicht ganz so anspruchsvoll wie Bäume, und trotzdem ist ihre Eitelkeit am falschen Standort nicht zu unterschätzen. Während man weiß, dass Bäume einfach ein paar Jahre brauchen, um sich zu akklimatisieren, ist es bei Sträuchern meist nicht einzusehen, warum sie sich überhaupt nicht bewegen. Ich empfinde das häufig als eine Art Eingeschnapptsein. Ja, ich habe sogar ein wenig das Gefühl, die Pflanze nimmt es einem übel, dass man sie aus dem sicheren Hafen der Gärtnerei geholt und dann an einen ihr völlig fremden Ort gepflanzt hat. Doch in Wirklichkeit ist das Pflanzloch im Garten ja erst das Ende einer langen Kettenreaktion, und meist wird unterschätzt, was die Pflanze schon alles durchmachen musste, bevor sie es sich in einem viel zu engen Pflanzloch ohne Dünger und Pflanzerde in unserem Garten gemütlich machen soll. Da ist zuerst einmal das schreckliche Leben in einem Topf in der Containerbaumschule – alle Menschen reden von Tierschutz, keiner davon, wie es Sträuchern in Pflanzenmassenhaltungen geht. Dort hängen die Pflanzen an Tropfschläuchen und bekommen immer die gleiche Menge an Dünger und Wasser, egal ob es sehr heiß oder sehr nass ist, sie müssen sich arrangieren. Diese

Anstrengungen machen die Pflanzen, die das überleben, ohne Frage auch widerstandsfähiger, ob allerdings genau die bei Ihnen landen, wissen Sie erst nach einigen Jahren. Wenn die Pflanzen in der Gärtnerei dann endlich die gewünschte Größe erreicht haben, gehen viele von ihnen auf eine sehr lange Reise, vor allem jene, deren Destination ein Fachhandel ist, der gar nichts mit Pflanzen zu tun hat, wie zum Beispiel Baumärkte oder IKEA-Läden.

Aber noch einmal kurz zurück zur Containerbaumschule. Hier werden sie vom Tropf genommen und in große Laster gesperrt und beginnen ihre Reise oft zuerst zu Pflanzenauktionen irgendwo in Europa – meist in Holland –, um dann noch mal umgeladen und weiter zu ihrem eigentlichen Zielort gefahren zu werden. Ob man sie bis dahin noch einmal gewässert hat, weiß niemand so genau. Wenn sie dann im Baumarkt oder Gartencenter angekommen sind, werden sie endlich entladen und bekommen ihren ersten Tropfen Wasser. Das Ganze kann schon mal vier bis zwölf Tage dauern, da ist dann so ein Strauch mächtig durstig, und für manch einen kommt das Wasser gar zu spät. Ausschuss ist normal und wird mit einkalkuliert.

So, und nun steht also dieser Topf an seinem ersten Ziel und soll verkauft werden. Da er sich aber von den Strapazen der Reise noch nicht ganz erholt hat, möchte ihn niemand, denn es ist ihm anzusehen, dass er nicht glücklich ist. Er bleibt also ein paar Wochen dem Gartencenterpersonal ausgeliefert, bis Sie, lieber Kunde, ihn retten und in Ihren Garten pflanzen. Und eigentlich schreibe ich diese ganze Prozedur nur auf, damit Sie ein wenig mehr Mitgefühl und Geduld mit den Sträuchern in Ihrem Garten haben und sie vielleicht auch ein wenig besser behandeln. Es ist nämlich durchaus kein Luxus, einem Gehölz ein etwas größeres Pflanzloch zu gönnen als den Topf, in dem es bis dahin gelebt hat. Auch wären ein wenig zusätzliche gute Pflanzerde, Dünger und regelmäßiges Wässern eine große Hilfe für ein so vernachlässigtes Wesen. Sie werden sehen, die Sträucher werden Ihnen eine gute Behandlung recht schnell danken, sie müssen nur die schreckliche Erinnerung ihres Vorlebens abwerfen.

Und da komme ich auch gleich auf die wohl empfindlichsten Gehölze zu sprechen, die für mich ein echter Indikator für gesellschaftliche Veränderung sind: die Rosen.

Rosen

Aus meiner Sicht leidet diese Pflanzengattung vor allem an der völligen Überschätzung durch uns. Ja, ihre Blüten können traumhaft duften, tun es aber häufig heute nicht mehr. Ihre Blüten können verführerisch, launisch, erotisch und zauberhaft sein, und meist trifft das auch zu, aber sehr, sehr, sehr viele von ihnen sind nicht das Papier wert, auf dem sie angepriesen werden. Hunderte von Sorten verschwinden nach ihrer aufwendig geplanten Ersterscheinung und Promi-Namensgebung über kurz oder lang in völliger Dunkelheit, meist für immer.

Viel wurde und wird über diese Pflanze geschrieben, darunter auch sehr viel Blödsinniges, aber vor allem werden ihre positiven Attribute zum Vorschein gebracht. Doch eigentlich ist die Rose damit völlig überfordert. Oder als Frage formuliert: Wann haben Sie das letzte Mal einen richtig schönen gesunden Rosengarten gesehen? Aus meiner Sicht ist die Rose die Diva der Gartenwelt schlechthin, wobei sie mit uns Menschen schon recht vergleichbar ist. Platziert man sie an einem ideal geeigneten Platz – also mit ganztägigem Sonnenschein, ohne Regen während der Blütezeit, aber mit den Füßen in feuchtem

Lehmboden, den Vormittag über etwas diesig, ab Mittag gut ertragbare Hitze und einen Gärtner an ihrer Seite, der sie immerzu betüttelt –, dann geht es ihr durchweg wunderbar, und sie blüht zauberhaft. Würde mir im Übrigen genauso gehen, Ihnen wahrscheinlich auch. Pflanzt man sie aber an einer etwas anders gearteten, weniger sonnigen Stelle oder in etwas schlechteren Boden, oder es regnet häufiger, dankt sie dies grundsätzlich mit Krankheiten und mäkeligem Wuchs.

Ich glaube, ich kenne keine Pflanze, die einem so schnell so viel übel nimmt wie die Rose, weshalb ich über die Wahl einer Rose auch immer länger nachdenke. Keine Pflanze verfügt über so viel List wie sie; sie hat den Gartenbesitzer in der Hand, jeder Gärtnereibesuch wird zur Qual, wenn nicht wenigstens eine Rose mitgenommen wird, in der Hoffnung, dafür findet sich bestimmt noch ein Plätzchen. Ich beobachte das jetzt seit mindestens 30 Jahren und seit zehn in unserer eigenen Gärtnerei, vor allem ab Juni, wenn die Rosen blühen. Ganz gleich, unter welchem guten Vorsatz der Kunde gekommen ist: Geschenkblume kaufen, etwas Buntes für den Balkon, ein Schattengewächs für den Vorgarten oder eigentlich nur eine Gartenschere – alle gehen am Ende mit einer Rose. Das ist ein Phänomen, das mir nicht immer ganz einleuchtet, zumal die Rose als solche, also ohne Blüte, eine ziemlich hässliche Pflanze mit vielen Stacheln ist. Es sind übrigens Stacheln und keine Dornen, denn letztere unterscheiden sich von Stacheln, weil man sie nicht vom Ast abmachen kann, sie sind metamorphosierte Äste. Das wollten Sie jetzt wahrscheinlich gar nicht so genau wissen, oder?

Also zurück zur Rose als Phänomen. Rosen sind übrigens, was den Transport angeht, nicht halb so empfindlich wie die gerade beschriebenen Sträucher. Sie sind da beachtlich robuster und lassen sich auch durchaus im Spätherbst gern als wurzelnackte Ware transportieren und pflanzen; ihr Trauma beginnt erst mit dem falschen Standort. Und auch wenn man es nicht wahrhaben möchte: Rosen sind eigentlich nicht eitel, wir sind es, denn nur wir pflanzen meist die falsche Rose an den falschen Platz.

Also hier ganz kurz, was Rosen wirklich nicht mögen: lange im Plastiktopf aus der Gärtnerei bleiben; in einem kleinen Balkonkasten wachsen – überhaupt ist Balkon für Rosen heikel; sie hassen Schatten oder besser gesagt, sie lieben Sonne. Am besten von morgens fünf Uhr bis abends 21 Uhr – das sind 14 Stunden! –; drei bis fünf Sonnenstunden reichen der Rose nicht, bitte unbedingt einsehen!; sie lieben lehmigen Boden, in allen anderen Böden wachsen sie, aber mehr auch nicht; sie mögen keine Überkopfbewässerung und brauchen trotzdem viel Wasser; sie benötigen regelmäßige Düngergaben während der Blütezeit, vor allem die mehrfachblühenden; sie möchten nicht in großen Gruppen sein – Königinnen halt –, weil sie sich dann alle gegenseitig mit Krankheiten ärgern; die meisten neuen und vor allem die Englischen Rosen möchten nicht im Herbst oder Winter geschnitten werden, sie schneidet man, wenn die Forsythien blühen.

Der beste Weg, Rosen gesund zu halten, ist, alle aufgeführten Punkte einzuhalten und sie dann noch mit guten Rosenbegleitern zu verwöhnen. Hier nur ein paar der besten davon: Duftveilchen (*Viola odorata*), Katzenminze, Staudensalbei oder Astern. Übrigens, der Lavendel ist – auch wenn das überall so geschrieben steht – nicht der beste Rosenbegleiter, da die Rose viel Wasser benötigt und der Lavendel temporäre Dürre liebt. Ich verstehe sehr gut, dass das nur schwer einzusehen ist, da es kein englisches oder deutsches Gartenbuch ohne ein entsprechendes Bild zu geben scheint.

Aus einem sich mir nicht erschließenden Grund hat sich das Gerücht verbreitet, dass Rosen gern unter sich sind und es nicht mögen, wenn man zu ihren Füßen etwas anderes pflanzt, weil sie das stört. Papperlapapp, kann ich da nur sagen, oder haben Sie schon mal eine Königin gesehen, die es nicht mag, wenn man ihr zu Füßen liegt? Sehen Sie, so geht es der Rose auch. Sie ist eine Tiefwurzlerin und macht sich absolut nichts aus dem, was so um sie herum gepflanzt wird, höchstens in den ersten ein bis zwei Jahren, während sie sich etabliert, danach mag sie Gesellschaft sogar sehr. Je mehr nette Untertanen sie bewundern und zu ihr aufschauen, umso gesünder und glücklicher ist sie. In vielen berühmten englischen Rosengärten wie Mottisfont oder dem Schaugarten von David Austin hat man schon lange eingesehen, dass Rosen in der Umgebung von Stauden gesünder wachsen. Es sind nämlich die Stauden, die die Nützlinge für die Schädlingsbekämpfung herbeizaubern, nicht die Rosen. Sagen wir einfach: Sie ergänzen einander blendend.

Stauden

Ihnen sollte jeder Gartenbesitzer viel größere Aufmerksamkeit schenken, denn sie sind die wahren Helden des Gartens. Als Staude bezeichnet man übrigens jene Pflanzen, die zwar über viele Jahre wachsen und gedeihen, sich aber im Winter unter der Erde verkriechen. Was ich für sehr schlau halte, besonders bei unseren fiesen Wintern.

Seit meiner Rückkehr nach Deutschland 2007 versuche ich, zusammen mit meiner Partnerin Isabelle Van Groeningen und meinen Mitarbeitern, bei unseren Kunden die Staudenleidenschaft zu wecken. Das ist nicht immer ganz leicht, zumal viele Menschen sehr misstrauisch sind, wenn man ihnen im Frühjahr einen kleinen zotteligen Topf mit fast nichts drin in die Hand drückt und sagt: »Mal rin in die Erde, angießen, und dann werden Sie sehen, wie toll das im Mai blüht.« Zugegeben, das ist auch nicht ganz einfach zu verstehen, erst recht, weil wir ja heute eigentlich alles, was wir kaufen, am liebsten gleich als fertiges Produkt in der Hand halten wollen. Warten ist eine fast ausgestorbene Tugend, ohne die man im Garten regelmäßig enttäuscht wird. Auch kann ich nur davor warnen, beim Thema Garten die Erwartungen zu sehr in den Vordergrund zu stellen; hohe Erwartungen werden ganz oft bereits im Keim erstickt, und es braucht viel Zeit und Geduld, um sich davon zu erholen.

Am besten, man lernt grundsätzlich von der Nation, die wohl schon am längsten dem Gartenfieber verfallen ist: den Engländern. Die freuen sich über alles, was kommt, und wenn irgendetwas doch nicht wiederkommt, dann finden sie das zwar schade, erkennen aber gleich, dass es auch eine Chance ist, denn jede eingegangene Pflanze macht Platz für etwas Neues. Geniale Einstellung, denn nur mit dieser Gelassenheit beginnt aus der Gartenarbeit das Gärtnern zu werden. Lassen Sie sich nicht von Fehlschlägen im Garten kleinkriegen, geben Sie nicht nach, und kaufen Sie auf gar keinen Fall immer wieder dasselbe! Hören Sie auf Ihr Bauchgefühl, denn wenn der Garten eine Pflanze abstößt, dann ja nicht, um Sie zu ärgern, sondern weil es ihr dort nicht gefällt. Kann natürlich auch an ihrer Vernachlässigung liegen.

Und genau deshalb möchte ich Ihnen an dieser Stelle die Stauden schmackhaft machen, denn sie sind wesentlich weniger prätentiös, heikel oder anspruchsvoll als

Bäume, Sträucher oder die Diva Rose. Eine Staude kann man tatsächlich so gut wie überall einsetzen – am besten im Frühling –, und sie dankt es einem schon in kürzester Zeit mit flottem Zuwachs und üppiger Blüte. Zu den absoluten Must-haves gehört die Katzenminze (*Nepeta*), vor allem die Sorte ›Walkers Low‹, der Frauenmantel (*Alchemilla mollis*), die Duftnessel (*Agastache* ›Black Adder‹, mein Favorit für Schmetterlinge und Bienen) und auch die vielen Sorten der Fetthenne (*Sedum*) wie zum Beispiel die von Georg Arends gezüchtete Sorte ›Herbstfreude‹. Allerdings decken diese vier Stauden nur einen winzigen Bruchteil dessen ab, was unsere Gärtnereien so zu bieten haben, und es sind alles Stauden für einen sonnigen Standort. Bei diesen krautigen Gewächsen ist unbedingt darauf zu achten, dass man ihre Standortbedürfnisse akzeptiert, denn sonst können sie einem das schnell übel nehmen. So wird eine sonnenliebende Staude zwar im Schatten nicht unbedingt eingehen, doch bestimmt keine oder nur wenige Blüten produzieren, wohingegen Schattenstauden, in die Sonne gepflanzt, sehr schnell verkümmern können. Sie verbrennen regelrecht. Vergessen Sie nicht, die Pflanze kann im Gegensatz zu uns weder weglaufen noch einen Sonnenschirm organisieren; sie ist unserer Unwissenheit gnadenlos ausgesetzt.

Ansonsten ist nicht allzu viel falsch zu machen. Wenn etwas eingeht, nicht gleich verzagen – ich schrieb es schon –, probieren Sie einfach etwas Neues, nicht immer dasselbe, denn nicht nur hat sich die Auswahl an Pflanzen stark verändert, auch die Bedingungen sind für viele Stauden besser geworden.

Nur eins noch: Bitte, bitte verbessern Sie beim Pflanzen immer gleich auch den Boden im Pflanzloch mit etwas Kompost! Keine Pflanze möchte in kargem Wüstensand wohnen, zumindest keine, die ich kenne. Viele meiner Kunden kommen und fragen, was sie denn pflanzen können, sie haben nur Sand, reinen Sand. Tja, sorry, aber da ist die Antwort: Nix, denn in reinem Sand will so gut wie nichts wachsen, da muss man schon ein wenig am Boden tun, damit da etwas sein möchte. Es gibt zwar Pflanzen, die sich auch durch Sandboden quälen, aber ob man die im Garten haben möchte, steht auf einem anderen Blatt.

Der nun nicht mehr zu leugnende Klimawandel macht sich gerade bei den Stauden bemerkbar. Bis vor Kurzem hätte ich noch Stein und Bein schwören können, dass zum Beispiel die Prachtkerze (*Gaura lindheimeri*) – ein weiterer meiner Favoriten – nur in mediterranen Gefilden winterhart ist. Diese Annahme ist aber mittlerweile falsch, denn bei uns im Beet trotzt sie seit vielen Jahren jedem Winter. Entweder hat sich die Pflanze eingelebt und sich an die kalten Winter gewöhnt, oder die Winter sind milder, was ich nur für die letzten zwei bestätigen kann. Es ist wohl eine Mischung aus beidem.

Generell sollte man Stauden wie die *Agastache* und die *Gaura*, die herzzerreißend lange und üppigst blühen – nämlich von April, Mai bis November, Dezember – in die Kategorie kurzlebig einordnen, da sie dieses Blühpensum oft nur zwei bis drei Jahre durchhalten. Sie haben sich sozusagen vor lauter Euphorie des Blühens erschöpft und werden von Jahr zu Jahr schwächer, um nach drei bis vier Jahren glücklich einzugehen; man sollte sie also ab und an ersetzen. Auf der anderen Seite des Spektrums stehen zum Beispiel die Pfingstrosen, die, einmal gepflanzt, gut und gerne jahrzehntelang im Garten verweilen, dafür aber oft auch nur sparsam und recht kurz blühen. Wie auch immer, es empfiehlt sich einfach, mutig zu sein, denn wie im wirklichen Leben thront über allem das Wunder der Überraschung. Es gibt im Garten nichts Schöneres, als dass eine lang vergessene Pflanze plötzlich und ganz unerwartet an einer völlig neuen Stelle wiederauftaucht, manchmal sogar zusammen mit etwas, das noch viel besser zu ihr passt als das an der geplanten Stelle. Obwohl ich ja von der Gestaltung mit Pflanzen lebe, kann ich immer wieder nur betonen, dass sehr häufig der Zufall der beste Gestalter ist.

Nun gibt es natürlich Menschen, die diese Aussage gern zum Anlass nehmen, um gar nichts zu pflanzen, in der Hoffnung, der Garten füllt sich dann mit allem, was das Herz begehrt. Das ist nicht ganz falsch, aber vor allem eine Frage der Zeit. Für mich fällt diese Art des Gärtnerns unter Evolutionsgärtnern und dauert so etwa 15 bis 70 Jahre; wer also viel Zeit mitbringt, der kann da viel lernen (mehr dazu im Kapitel »Zufall«).

Zurück zu den Stauden. Das sind die dankbaren, krautigen Gewächse, die nach den Zwiebeln – soweit man denn welche gesetzt hat – zu wachsen beginnen und die Erde mit einer schützenden Vegetationsschicht bis zum nächsten Jahr bedecken, sofern man sie nicht viel zu früh abschneidet. Denn das ist noch so eine Manie, von der ich mir wünschte, wir könnten sie mal ablegen: das ewige Herunterschneiden aller Dinge, die nur irgendwie schmuddelig wirken könnten. Schnell sauber machen ist allerorts die Devise.

Ich komme manchmal aus dem Staunen nicht heraus, wenn ich in die schon im Herbst völlig von Laub und jeglichem Bewuchs befreiten Gärten schaue. Da liegt kein Blatt, kein Stumpf, kein Stiel, alles sauber. Nackte schwarze Erde ist das Erbe einer übersauberen Nachkriegsgesellschaft, aber warum machen wir immer so weiter? Wie kommt es, dass wir herbstliches Vergehen von Pflanzen als schmutzig empfinden und nackte schwarze Erde als schön und vor allem sauber? Kaum haben wir die Beete von jeglichem Zeug befreit, gehen wir in die Garten- und Baumärkte und kaufen Vogelfutter, Insektenhotels und neuerdings auch Nistmaterial für die Vögel im Frühjahr. Ich halte das für schizophren – erst verbringen wir Wochen damit, alles rauszuräumen, um es dann teuer wieder in geordnetem Stil zu kaufen. Lassen Sie die Stauden doch einfach mal stehen, und schauen Sie, was passiert! Ich verspreche Ihnen, Sie werden sich wundern und feststellen, dass viele von ihnen nicht zu einem Häufchen Elend in sich zusammenfallen, sondern nach einer kurzen, aber nicht sehr appetitlichen Zeit – das gebe ich zu –, in der sie wirklich etwas bemitleidenswert aussehen, eine schöne Winterstruktur zur Erscheinung bringen. Und nicht nur das: Ein Großteil der Stauden bietet dann über die Wintermonate auch Nahrungsquellen und Nistmaterialien für Vögel sowie Winterquartiere für Insekten, Igel, Mäuse und leider Gottes auch Wühlmäuse. Aber über die möchte ich an anderer Stelle sprechen.

In der Gartenakademie räumen wir unsere Staudenbeete erst im Vorfrühling, bevor die Zwiebeln ihre Nasen zu weit aus der Erde stecken, aus, dann nämlich, wenn auch die letzte Staude kollabiert ist und alle Schönheit das Beet verlassen hat. Denn dann ist es Zeit für den Frühjahrsputz und den Jahresanfang mit den frühen Zwiebeln.

Gräser

Bevor ich zu den Frühlingsboten übergehe, möchte ich an dieser Stelle doch noch eine Lanze für die Gräser brechen. Karl Foerster nannte sie »Das Haar der Mutter Erde«, was wohl eine unübertreffliche Beschreibung dieser Pflanzengattungen ist. In gestutzter Form, nämlich als Rasen, kennen wir sie alle, aber wie umfangreich und wichtig dieser Pflanzentyp für unsere Gärten ist, wird trotz Karl Foersters Anpreisung noch immer stark vernachlässigt. Viele der Staudengräser kommen aus Prärien, Savannen, Steppen, Gebirgen und Wäldern der ganzen Welt. Sie sind echte Globetrotter, sind aber schon lange auch bei uns zu Hause, sodass sich unsere einheimische Vogelwelt mittlerweile über ihre Wintersaat und das Nestbaumaterial freut.

Aber was ich wirklich über Gräser sagen möchte: Sie sind die wohl genügsamsten Gartengenossen, die man sich nur vorstellen kann, denn sie sind – und ich benutze das Wort nur sehr ungern – tatsächlich größtenteils pflegeleicht. Mit anderen Worten, eigentlich die idealen Pflanzen für den Sandgartenbesitzer. Allerdings sollte man ihnen ein bisschen gute Gartenerde bei der Pflanzung und ab und an etwas Wasser in den ersten ein bis zwei Jahren schon gönnen, um sie über Jahrzehnte glücklich zu machen. Ich liebe die Tatsache, dass viele Gräser wie Pfeifengras und Chinaschilf, die ja erst im Spätsommer mit der Blüte beginnen, vor allem den Winterschmuck des Gartens übernehmen. Vor die Wahl gestellt, würde ich mich nicht für die frühen Gräser entscheiden – außer *Stipa barbata* und *Stipa gigantea*, aber die sind hier sowieso nicht wirklich winterhart –, sondern für die oben genannten Spätblüher. Sie sind die unübertroffenen Helden in unseren finsteren Wintergärten, behalten sie doch oft ihr Gefieder bis weit ins nächste Jahr hinein und dienen so nicht nur der Vogelwelt zum Nestbau, sondern auch dem Ansehen unserer Gärten.

Kleiner Gartentipp: Gräser bevorzugen es, im Frühjahr gepflanzt zu werden, eine Herbst- beziehungsweise Winterpflanzung verübeln sie einem häufig, da sie nasse kalte Füße nicht mögen. Wem sein Gras zu groß geworden ist oder wer es gerne mit Bekannten teilen möchte, sollte dies möglichst bis Mai getan haben, danach kommen die Teilstücke nur noch sehr schwer mit dem Eingriff zurecht.

Im Garten bedeuten Gräser vor allem eines: Bewegung. In unseren Pflanzplanungen sind Gräser ein integraler Bestandteil. Sie sind nicht nur die Herrscher der Beete über den Winter, sondern dienen mir vor allem als Bewegungsmelder der Natur. Wer zum Beispiel ein Pfeifengras oder ein Federgras im Garten hat, braucht im Sommer nur aus dem Fenster zu schauen, um zu sehen, wie das Wetter für den Tag wird. Diesen Gräsern kann das Wetter nichts vorenthalten, sie bewegen sich beim kleinsten Windzug und lassen uns morgens schon erkennen, ob eine Jacke oder ein Schirm angebracht ist, wenn man das Haus verlassen will, und das alles, ohne einen Schritt vor die Tür gemacht zu haben.

Zwiebeln

Zwiebeln sind für mich die Hoffnungsträger, die Boten des sich noch nicht zeigenden Frühlings. Sie lassen mich hoffen, dass auch nach den Monaten der Dunkelheit und Kälte wieder Leben in meinen Garten kommt. Eine sehr gute Gartenfreundin von mir, Anja Maubach, die viele von Ihnen kennen werden, hat mir beigebracht, dass es die Zwiebeln sind, die einen im Frühjahr mit dem Geiz vom Herbst konfrontieren. Das kann ich nur von ganzem Herzen bestätigen. Selbst mir als Fachfrau fällt es manchmal im Herbst schwer, viel Geld für diese schrumpeligen kleinen Dinger auszugeben, die ich dann auch noch in mühevollster Kleinarbeit bei Regen und Dunkelheit in die nasskalte Erde bringen muss. Und jedes Frühjahr ärgere ich mich über meinen Geiz an Zwiebeln und nicht verbrachter Zeit im Garten und finde es betrüblich und schade, dass da nun nur 20 Schneeglöckchen auf weiter Flur stehen, wobei mir doch eigentlich eine weiße Decke, wie ich sie aus England kenne, vorschwebte. Man hat es also auch bei diesem Zauber wieder mal mit dem eigenen Schweinehund zu tun, der wohl an jeder nur erdenklichen Ecke auf der Lauer liegt – vor allem im Garten.

Wer sich aber ein wenig mehr mit diesen recht unattraktiven, dicklichen Knollen befasst, den werden sie schnell für sich gewinnen, denn sie sind vor allem in einem unschlagbar: Ihren Garten in einer Jahreszeit attraktiv zu machen, in der sich ansonsten noch so gut wie nichts regt. Mit Zwiebelpflanzen ist es möglich, nicht nur die dunkle Jahreszeit zu erhellen – also die Zeit von Februar bis April –, sondern auch die Wonnemonate Mai und Juni, manchmal sogar auch noch den Juli. Unerhörte vier bis fünf Monate lang können diese kleinen unprätentiösen Kugeln und Knollen Blütenzauber in den Garten bringen, und das sollte man für sich nutzen.

Die Saison kann in milden Wintern bereits im Februar und März mit den ersten Schneeglöckchen beginnen. Sie haben die Fähigkeit, Restschneemengen um sich herum mit körpereigener Hitze zu schmelzen, weshalb wir sie manchmal von Schnee umgeben, inmitten kleiner Erdinseln blühen sehen. Die gelben Winterlinge sind als nächstes an der Reihe. Sie trotzen der Kälte und sind verheißende Sonnenboten und werden kurz darauf von den wilden und dann den gezüchteten Krokussen abgelöst. Aufmerksame Skiläufer werden schon bemerkt haben, dass besonders die weißen Krokusse in den Alpen der direkten Spur des schmelzenden Schnees folgen; auch sie teilen die heizkraftwerkähnliche Fähigkeit der Schneeglöckchen. Ende März, Anfang April kommen all die anderen kleinen Charmeure wie Scilla, Puschkinia, Traubenhyazinthen und viele andere Miniblüher zum Zug, die dann im April, Mai von hochbeinigen, eleganten Mitgliedern dieser Pflanzengruppe abgelöst werden wie etwa der Schachbrettblume und der Kaiserkrone, die übrigens alle zur gleichen Familie zählen. Irgendwo dazwischen blühen natürlich noch die Osterglocken und die anderen Mitglieder der Narzissenfamilie.

Obwohl es Tulpen bereits ab Januar, Februar im Blumenhandel gibt, sei hier noch einmal daran erinnert, dass ihre natürliche Blütezeit in unseren Gefilden erst im April, Mai liegt. Dass man sie im Blumenhandel schon viel früher kaufen kann, führt leider häufig zu Beschwerden von Kunden, die glauben, ihre Tulpenzwiebeln seien eingegangen. Die gute Nachricht ist, dass die Tulpe dank modernster Heiz- und Lichttechnik zweimal im Jahr Saison hat: im Winter für die Vase und wenn sie wirklich blühen möchte: im Frühling oder Frühsommer. Es gibt sie mittlerweile in allen Farben – leider auch in Blau, aber die sind ohne Zweifel gefärbt, davon lassen Sie mal besser die Finger.

Die letzten Zwiebeln, denen sie unbedingt noch ein gebührendes Plätzchen in Ihrem Garten einräumen sollten, sind die Zierlauche. Ja richtig, sie sind tatsächlich verwandt mit unserem Lauch, das ist aber auch schon alles an Gemeinsamkeiten, denn im Gegensatz zu unserem Porree blühen sie in vielen schönen Farben, machen keinen dicken weißen Hals und sind nicht essbar. Das Wichtigste aber ist, dass sie die Blühsaison der Zwiebeln bis in den Juni, Juli ziehen. Dann nämlich tänzeln diese lilabunten, manchmal auch weißen Kugeln auf ihren langen, dünnen und dicken Stielen über den Stauden und sind selbst in vertrocknetem Zustand noch bezaubernd und als Blumendekoration zu verwenden.

Nur zwei Unwahrheiten möchte ich zum Abschluss des Zwiebelthemas noch richtigstellen, denn sie sind schon zum Mythos geworden und geben vielen Menschen den Eindruck, Zwiebeln machten viel Arbeit! Erstens: Es ist absolut unnötig, die Zwiebeln nach der Blüte aus der Erde zu nehmen, um sie bis zum Herbst einzulagern, damit sie dann wieder gepflanzt werden können. Um es mit den Worten Karl Foersters zu beschreiben, würde ich es als groben Unfug kategorisieren. Solche aufwendigen Gartenaktionen überlassen Sie mal getrost den Gartenschaugärtnern, es sei denn, es macht Ihnen Freude, die Dinger immer rein- und rauszupflanzen, oder Sie haben nichts anderes zu tun. Das Zweite ist, dass Zwiebeln – entgegen den Empfehlungen der Düngerfirmen – bei der Pflanzung im Herbst, Winter überhaupt keinen Dünger brauchen, da sie alle Energie, die sie für ihr Engagement im Frühjahr benötigen, bereits in der Knolle beziehungsweise Zwiebel angesammelt haben. Deshalb sollten Zwiebeln erst während oder kurz vor der Blüte gedüngt werden, sodass ihnen diese zusätzliche Energiequelle zur Verfügung steht, wenn die Knolle beziehungsweise Zwiebel fürs nächste Jahr ausgebildet wird.

Einer der wahren Gründe dafür, dass Zwiebeln entweder nicht blühen und nur Blätter produzieren oder sich gar nicht erst zeigen, ist die Pflanztiefe. Wer die Zwiebeln zu flach oder zu tief setzt, kann schnell verzagen. Kleine Zwiebeln sollten eher nicht so tief gepflanzt werden, mit Ausnahme von Wildtulpen, große Zwiebeln dagegen meist eher tief. Grob kann man sagen: nicht tiefer als zwei bis drei Mal die Größe der Zwiebel tief. Wer also einen Krokus zehn Zentimeter tief versenkt oder eine Tulpe nur knapp unter die Oberfläche bringt, den muss es nicht wundern, wenn nichts dabei herauskommt. Gute Zwiebelfirmen geben immer auch eine Anleitung für die Pflanztiefe der Zwiebel mit, und ich rate, sich daran zu halten. Ich koche zwar gern ohne Rezept, aber beim Backen funktioniert das nicht – so ist das mit den Zwiebeln auch.

Übrigens sollten Zwiebeln entgegen populärem Glauben nicht in Reihen oder kreisförmig um Bäume herumgesetzt werden, sondern wild durcheinander. Da jeder Zwiebeltyp eh zu einer anderen Jahreszeit blüht und nie alle Zwiebeln auf einmal herauskommen, ist Mischen also kein Problem. Die preußische Variante, die Zwiebeln nach Sorten in Reih und Glied zu stellen, ist glücklicherweise mittlerweile eher verpönt und trägt auch nicht unbedingt zur Lässigkeit des Gartenbildes bei. In Reih und Glied gepflanzte Zwiebeln waren ja bereits Elizabeth von Arnim in ihrem deutschen Garten ein Dorn im Auge.

Was mich an den Anruf einer englischen Kundin erinnert, die mich völlig aufgelöst fragte, ob ich dem Gärtner gesagt hätte, in den Rasen einen Gruß aus Osterglocken zu schreiben. Es stelle sich aber heraus, dass sich der Gärtner diese Idee als Überraschung für die Hausherrin ausgedacht hatte. Dort stand noch viele Jahre lang erst in Narzissenlaub und ab März auch in Knallgelb der Satz: »*Good Morning, Lady Bertram*«. Womöglich steht er noch heute da, es ist nämlich gar nicht so leicht, Osterglocken wieder loszuwerden, denn sie naturalisieren sich und werden schnell immer mehr. Mischen Sie also getrost alle großen und kleinen Zwiebeln in einem Eimer oder einer Schubkarre und werfen Sie sie dann mit vollen Händen und mit größter Wucht auf die Beete. Gepflanzt werden die Knollen dann genau dort, wo sie hingefallen sind.

Interessanterweise haben die meisten Gartenbesitzer das Bedürfnis, Zwiebeln grundsätzlich an den Beetrand zu pflanzen, damit sie sie im Frühjahr besser sehen. Das scheint auf den ersten Blick sinnvoll zu sein, ist aber für die Ansehnlichkeit des Beetes im Frühjahr nicht förderlich. Pflanzen Sie die Zwiebeln deshalb bitte einen halben Meter ins Beet hinein, Sie werden sie trotzdem sehen, es blüht kaum anderes, aber so haben Sie die Möglichkeit, nach der Blüte die verdorrten Zwiebelblätter in Ruhe zu lassen und durch die davor wachsenden Pflanzen zu kaschieren. Denn ob Ihre Zwiebeln in den darauffolgenden Jahren noch einmal blühen werden oder nicht, hängt ausschließlich davon ab, ob Sie ihnen das alte, dörre Federkleid abschneiden oder nicht. Nimmt man es der Pflanze ab, bevor sich die Zwiebel von der Blühstrapaze erholt hat und die Mutterzwiebel wieder fest und prall in der Erde sitzt, geht die Zwiebel ein.

Die Unterschätzten: einjährige Pflanzen

Es wurden ja bei den Stauden bereits ein paar aufgezählt, die besonders blühwillig, deshalb aber auch nicht sehr langlebig sind. Zu dieser Gruppe Pflanzen gehören auch die Einjährigen. In Deutschland sind einjährige Pflanzen noch recht verpönt, außer natürlich auf dem Balkon in Form von Geranien. Bei allen anderen Einjährigen höre ich häufig das Argument: Also wenn die im nächsten Jahr nicht wiederkommt, dann will ich sie nicht. Manchmal sind Kunden auch von Mitgefühl für die arme Pflanze überwältigt – ach, nur ein Jahr, und dann muss sie sterben, wie schrecklich. Nun mal halblang, nur weil es einer Pflanze nicht vergönnt ist, viele Jahre zu leben, muss das noch lange nicht heißen, dass sie mit ihrer kurzen Lebenserwartung nicht glücklich ist. Ich finde ein kurzes glückliches Leben wesentlich attraktiver als ein langes miserables. Könnte es sein, dass es vor allem die Unglücklichen sind, die sich nicht mit dem kurzen Glück der einjährigen Pflanzen abfinden können? Egal, zu viel Philosophie – das wird mir noch als esoterisches Geschwafel ausgelegt. Wenn Sie die Einjährigen verschmähen, berauben Sie sich schlicht und einfach einer wichtigen Kategorie von Gartenpflanzen, nämlich den immerblühenden Lückenfüllern.

Auf deutschen Balkonen wimmelt es seit Jahrzehnten nur so von aggressiv farbigen Pelargonien und Petunien, aber um die soll es hier ausnahmsweise nicht gehen, dafür gibt es das Balkonkapitel. Hier soll es tatsächlich um schöne langblühende Einjährige gehen, die ihren Lebenszyklus mit der Produktion von Saatgut für das nächste Jahr beenden.

Viel und lang anhaltend blühen zum Beispiel die Schmuckkörbchen oder Kosmeen. Von den Engländern habe ich früh gelernt, dass diese blühwilligen Einjährigen, die leicht aus Saat zu ziehen sind, sich als dankbare Lückenfüller für früh entstandene Löcher in den Beeten eignen – zum Beispiel dort, wo der verblühte Orientalische Mohn zurückgeschnitten wurde, klafft oft eine große Lücke. Es gibt Kosmeen heutzutage in sehr viel mehr Farben und Formen als früher, und gerade die neuen gelben und orangenen Exemplare brauchen wenig Aufmerksamkeit oder Wasser, wenn sie einmal angegangen sind.

Die Spinnenblume – das gebe ich zu – ist nicht ganz einfach, aber Sie müssen ja nicht gleich mit dem Schwierigsten beginnen. Versuchen Sie es mit Kapuzinerkresse, ein super Bodendecker, den man noch dazu essen kann. Ich persönlich liebe alle Sorten von Tabak, damit meine ich nicht das Produkt, die Zigarette, sondern die Pflanze. Mein absoluter Favorit ist die Sorte *Nicotinia mutabilis*, deren Hunderte von Blüten, die sie mindestens sieben Monate lang entwickelt, erst weiß, dann rosa und zuletzt pink sind und wie kleine Tänzerinnen in ein Meter Höhe durch die Luft tanzen. Tabakpflanzen gibt es in vielen Sorten, man sollte vor allem darauf achten, dass sie auch duften, das ist nämlich bei einigen Hybriden nicht mehr gegeben. Wenn Sie eine Saattüte von Tabak kaufen, sind darin nicht selten bis zu 500 Samen. Sie könnten also durchaus Ihre Nachbarschaft mit versorgen und auch ein paar auf verwahrloste Kreisverkehrsinseln schmeißen. Das ist nicht verboten, soweit ich weiß.

Es gab da einmal eine berühmte, wohlhabende, exzentrische englische Gartenfrau namens Miss Willmott, die es sich bereits im 19. Jahrhundert zur Angewohnheit gemacht hatte, die Saat der Elfenbeindistel (*Eryngium giganteum*) überall dort zu hinterlassen, wo ihrer Ansicht nach der Pflanzung das gewisse Etwas fehlte oder ihr der Garten gänzlich missfiel. Erst nach einigen Jahren bemerkten die Besitzer, dass sie eine erwünschte oder unerwünschte Gartenpflanze hinzugewonnen hatten. Seitdem ist diese Pflanze in England nur als ›Miss Willmott's Ghost‹ bekannt. Miss Willmott war meines Wissens gewissermaßen die erste Guerillagärtnerin Europas beziehungsweise Großbritanniens. Sie ist übrigens wirklich eine sehr begehrenswerte und schöne Strukturpflanze, diese Distel, und ideal für ein sonniges, warmes Plätzchen. Aber wenn ich dürfte, würde ich sagen: Nehmen Sie Tabak, der pikst nicht so.

Natürlich könnte ich hier nun Hunderte von schönen Einjährigen auflisten, doch dafür ist dieses Buch nicht gedacht. Ich möchte Sie nur wenigstens auf diese unterschätzte Gruppe von tollen Pflanzen aufmerksam gemacht haben, die nämlich zugleich meist auch sehr kostengünstig sind.

Die Überschätzten: Zimmerpflanzen

»Entschuldigen Sie, wo finde ich denn bei Ihnen die Zimmerpflanzen?« Gute Frage.

Das Wort Zimmerpflanze fasziniert mich schon mein ganzes Leben, denn ich kenne nicht eine einzige Pflanze, deren innigster Wunsch – oder nennen wir es Ursprungsgedanke – es war, in einem Zimmer zu leben. Die Rebellin in mir möchte die Frage zur Zimmerpflanze immer mit etwas Sarkasmus oder auch Zynismus beantworten, denn mir widerstrebt die ganze Idee, die sich hinter einem solchen Wort verbirgt; es widerstrebt dem Naturell einer jeden Pflanze.

Für überschätzt halte ich diese Pflanzen nicht aus der Sicht des Gärtners, sondern aus der Sicht der Kunden. Was das arme Ding gerade in den Wintermonaten aushalten soll! Zentralheizungstemperaturen bis 23 Grad, trockene Luft, Dunkelheit, Hausstaub, Wasserentzug und so weiter. Welche Pflanze ist da schon glücklich? In den 70er-Jahren gab es einen Trend, der gerade wieder an Popularität gewinnt: die Hydrokultur. Großen Firmen wird nahegelegt, ihren Mitarbeitern etwas Gutes zu tun, indem sie ihnen exotische, oft kakteenähnliche Pflanzen in überdimensionierten Plastiktöpfen ins Großraumbüro stellen. Das Hydrokultursubstrat und die Wasserzufuhr sind so ausgeklügelt, dass die Pflanzen fast völlig autark überleben und die Mitarbeiter nicht durch zusätzliche Arbeit belastet werden. Ihnen wird das Bild der kummerfreien Pflanze vorgegaukelt, dazu kursiert das Wort »Raumklimaverbesserung«. Aber für wen? Was ist das für ein Konzept: Pflanzen, die ganzjährig glücklich sind, hinter getönten Scheiben, in verbrauchter Luft, mit ganz wenig Wasser und unter LED-Rasterdeckenleuchten? Warum ist denn das

»Sich-kümmern« um lebende Pflanzen so ein Problem? Können diese unglücklichen Geschöpfe, weit von ihrer Heimat entfernt, hier in der Fremde in substratfreien Behältern, in denen sie früher oder später dann doch einen mühevollen, langsamen Tod sterben, das Raumklima verbessern? Ich vergaß, Pflanzen sterben ja nicht plötzlich, sie gehen ein, das hört sich weniger dramatisch an.

Sie können sich bestimmt alle an ein hoffnungslos traurig aussehendes Exemplar in irgendeinem überheizten Gebäude erinnern, wenn es nicht sogar gerade vor Ihnen steht und Sie vorwurfsvoll anblickt. Das kann nicht gut fürs Raumklima sein, ich glaube das einfach nicht! Erst neulich, als ich meinen neuen deutschen Führerschein von der Fahrerlaubnisbehörde abholte – mein englischer war abgelaufen –, habe ich sie gesehen: eine halb tote Avocado (kann passieren, ist schwierig), eine Keniapalme mit gerade noch einem gelblichen Wedel und eine Sansevieria, auch gerne Schwiegermutterzunge genannt, in gutem Zustand, aber wer die kaputt bekommt, gehört auch verhaftet. Das war wie eine Reise in die Vergangenheit, nur dass es hier kein Geld für Hydrokultur gab, hier gossen die Mitarbeiter selbst und hielten die armen Pflanzen mehr recht als schlecht am Leben.

Wozu, was ist daran schön? Okay, es gibt auch lebenswilligere, das gebe ich zu, zum Beispiel ist ein echter Überlebenskünstler die fast unverwüstliche Monstera. Bei uns als Fensterblatt bekannt, obwohl ich finde, »Monster« passt besser. Die kenne ich noch aus meiner Kindheit, weil sie sich wie ein lichthungriger Wels an verrauchten Kneipenfenstern festsaugte, um der Luft im Inneren zu entkommen. Vielleicht heißt sie deshalb Fensterblatt!

Erst vor Kurzem bin ich mit dem Bus durch meine Heimatstadt Hamburg gefahren und habe im Vorbeifahren an mehreren Fenstern eines italienischen Restaurants eine gigantisch große Monstera gesehen, die mit Sicherheit das ganze Etablissement verdunkelte. Es ist zwar nicht gerade eine italienische Pflanze, aber wahrscheinlich hat sie der Inhaber schon von seinem Vorgänger übernommen und konnte sich dann nicht trennen.

Das Fensterblatt ist überhaupt ein gutes Beispiel für Überfremdung in der Pflanzenwelt, denn zu Hause ist sie nicht in einem Zimmer in München oder Hamburg, sondern in der Karibik; vor allem auf Costa Rica tobt diese Kletterschlingpflanze glücklich und zufrieden durch den Urwald. Auch die so beliebte Schwiegermutterzunge ist in unseren Räumen ausgesprochen fremdelnd; sie kommt aus den heißen, sonnigen Savannen Kenias und Tasmaniens. Manchmal ist zu viel Wissen einfach nicht gut, denn vielleicht würde es mir gar nicht so schwerfallen, diese Zimmerpflanzen in ihrer neuen Heimat zu genießen, wenn ich ihr sicheres Herkunftsland nicht kennen würde.

Mit anderen Worten: Ich plädiere dafür, dass die Menschheit in der Lage sein sollte, den Pflanzen in ihren Wohnungen das Leben zu geben, das sie in freier Wildbahn gewohnt sind. Das würde allerdings bedeuten, dass wir uns öfter mal einen Pulli überziehen und lüften müssten, denn selten gefallen ihnen unsere kuscheligen zentralbeheizten Räume. Wir bräuchten Lichtinstallationen mit Fotosyntheselampen, um das Tageslicht zu verlängern, denn viele dieser Pflanzen kommen aus äquatorialen Regionen und hassen unsere kurzen Tage. Des Weiteren müsste es ab und an mal in der Stube regnen, und wenn wir die Luftfeuchtigkeit bei 40 bis 50 Prozent halten könnten, würden auch die Blätter nicht mehr so schrumpelig aussehen. Regelmäßiges Gießen gefällt den Zimmerpflanzen auch sehr, denn obwohl ihnen der Ruf vorauseilt, dass sie pflegeleicht sind, freuen sie sich über Regelmäßigkeit der Bewässerung am meisten. Wer also seinen Pflanzen all das nicht bieten kann oder möchte, sollte sich die Sache mit der Zimmerpflanze gut überlegen und vielleicht doch zur Kunstpflanze greifen – ist nicht das Gleiche, stimmt, ist aber wesentlich besser fürs Gewissen.

Fluch oder Segen: Geschenkpflanzen

Als Gartenbesitzer ist man dieser Spezies von Pflanze ganz besonders offen ausgesetzt. Kaum wissen Freunde und Bekannte, dass man einen Garten hat und gerne gärtnert, schon kann man darauf wetten, dass sie ein gut gemeintes Geschenk in Form einer Pflanze mitbringen. Je nach Jahreszeit und Anlass steht natürlich an erster Stelle, na, Sie ahnen es schon: die Rose! Zur Geburt einer Tochter muss sie zartrosa sein, beim achtzigsten Geburtstag der Großmutter dann auch gerne altrosa und bei Beerdigungen und Hochzeiten in neutralem Weiß oder Dunkelrot gehalten. Die Jahreszeit spielt natürlich auch eine große Rolle. Im Herbst haben Rosen oft schon Mehltau und Rostflecken – Pech für im Herbst und Winter Geborene, denn sie bekommen meist Hortensien oder eine Zwergkonifere. Bei Jubiläen wie silberne, goldene oder Platinhochzeit natürlich wieder Rosen, gern auch etwas mit einem Namen, der was hermacht, wie Hermann Hesse oder Marie Curie, bei älteren Herrn vielleicht auch mal eine Winston Churchill – es gibt für jedes Event eine eigene Rose. Selbst Heidi Klum hat 2005 Einzug in unsere Gärten in Form einer Rose gehalten. Ebenfalls sehr beliebt sind kleine Rhododendren, Kirschlorbeer (sozusagen als Symbol für die wohlverdienten Lorbeeren), Clematis und immerblühende Hortensien. ›Endless Summer‹ nennen die sich – wer kann da schon nein sagen?

Es ist aber gar nicht die Geschenkpflanze als solche, die das Problem darstellt, sondern die Frage: Wohin jetzt mit dem Ding? Oft gehen die Beschenkten ja erst einmal auf Reisen – Hochzeitsreise, Jubiläumskreuzfahrt etc. –, und nur selten nehmen sie die Pflanze dann mit. Das bedeutet, dass die Pflanzen erst einmal eine ganze Weile, oft auch noch in Geschenkpapier, auf sich allein gestellt sind. Nur wenige von ihnen, Sie erraten es, verschönern sich in diesen Wochen, bei einigen hat sich das Problem bis zur Rückkehr von selbst erledigt. Dennoch überleben, wie ich finde, erstaunlich viele und werden spätestens am Tag der Rückkehr für die Beschenkten zu einem echten Problem. Vorwurfsvoll und krank sitzen sie da, dem Verwelken nahe in ihrem Einwickelpapier und der verblassten Jubiläumschleife, vom Zustand des Laubes ganz zu schweigen, und warten auf Erlösung. Spätestens jetzt fällt auf, dass keine der Pflanzen ins System passt, die Rosen die falschen Farben haben, es für Hortensien überhaupt kein schattiges Plätzchen gibt und ein Rhododendron ja auch noch besondere Erde braucht. Nun werden sie erst einmal gegossen, aus dem Geschenkpapier enthüllt und wieder an ein geschütztes Plätzchen gestellt; hier schmachten sie dann ein paar Wochen lang weiter vor sich hin.

Tja, wohin nur mit diesen unglücklich dreinschauenden Pflanzen? Die Lösung liegt auf der Hand: Wir machen ein Loch im Rasen und pflanzen sie dort ein, dann kann sie von diesem Plätzchen aus den Schenker begrüßen, sollte er sich fragen, wo denn sein Geschenk gelandet ist. Ich nenne diese im Rasen ausgesetzten Geschenkblumen gerne auch Amselgräber. Denn wenn im Garten meiner Kindheit eine Amsel gegen die Scheibe des Hauses geflogen war und so ihr Leben kurzerhand beendete, nahm mein Vater den armen Vogel, grub ein Loch im

Rasen, pflanzte eine Blume darauf, und fertig war das Amselgrab. Ich möchte dazusagen, dass dies nicht sehr oft passierte und wir deshalb nur sehr wenige dieser Auspflanzungen in der Rasenfläche hatten.

Mittlerweile leben nun aber in anderen Gärten Tausende von Geschenkblumen an solchen Locations und bevölkern bevorzugt bemooste Vorgärten und Rasenflächen. Was die meisten Menschen dabei nicht beachten: Diese Art der Bepflanzung ist nicht nur unschön, sondern beansprucht die aufwendigste Pflege, die man sich nur vorstellen kann. Und schon wird aus Gärtnern Gartenarbeit. Nun muss man nämlich nicht nur mit dem Rasenmäher um jede Pflanze Kreise fahren, nein, es muss auch an jeder Grabstätte die Rasenkante gestochen und das Unkraut gejätet werden. Völlig überflüssig, grober Unfug höre ich Karl Foerster schon wieder sagen. Hätte man alle Pflanzen in ein Geschenkbeet gepflanzt oder sie in die vorhandenen Beete integriert, wäre der Aufwand zu bewältigen, aber so? Nichts ist langweiliger als solch einen Rasen mit Miniaturgrabstätten zu pflegen. Also lassen Sie es sein, und bitten Sie Ihre Freunde, Ihnen nur Pflanzen zu schenken, die Sie auch wirklich brauchen.

Es gibt allerdings oft noch ein ganz anderes Problem mit diesen Geschenkpflanzen, ein recht simples, nämlich dass dem Beschenkten die Pflanze ganz und gar nicht gefällt. Hierfür hat meine Freundin und Gartenspezialistin einen recht charmanten Vorschlag, der sich besonders für die Wintermonate eignet. Sie schlägt vor, die Pflanze mit einem kleinen Schild »Suche ein neues Zuhause« zu versehen und an die Straße zu stellen. Meist dauert es keinen Tag, bis sich jemand an ihr erfreut. Dem Schenker kann dann im Frühjahr mitgeteilt werden, dass die Pflanze leider gestorben und wohl der Kälte zum Opfer gefallen ist.

Nur zwei Dinge können passieren: Der Schenker sieht die Pflanze auf der Straße – oder Sie bekommen die gleiche Pflanze ein zweites Mal geschenkt.

Pflanzen und Globalisierung

Nicht alles, was die Globalisierung bringt, ist schlecht, weder für den Menschen noch für den Garten, ganz im Gegenteil. Ich habe mir zeitlebens die natürlichen Habitate vieler Pflanzen angesehen, sie studiert und beobachtet, und solange ich denken kann, hat mir das geholfen, sie behutsam in ein neues Zuhause zu integrieren. Nicht alle fremden Pflanzen sind per se ungut für unsere Flora und vor allem Fauna, sie bedürfen nur jener behutsamen Einführung. Denn irgendwann – und wir sehen die ersten Anzeichen dafür schon heute – werden unsere einheimischen Pflanzen den vielen neuen klimatischen und umwelttechnischen Herausforderungen nicht mehr standhalten und vielleicht aussterben, wenn keine Umkehr in der Umweltpolitik stattfindet.

In Wirklichkeit liegt vieles natürlich auch an uns. Unser Bedürfnis, sich wenig zu kümmern um die Natur, alles pflegeleicht zu haben, hat seine Spuren hinterlassen. Und wenn wir nicht beginnen, neue Pflanzen zu finden, an denen sich unsere einheimischen Insekten laben mögen, dann sieht es sehr bald schon schlecht für unsere Vögel aus. Alles hängt mit allem zusammen, und nur eines ist ziemlich klar: Ein Zurück wird es für die Pflanzenwelt kaum geben.

In meinem Hinterhofgarten in Berlin-Schöneberg habe ich allerdings ein Umdenken in der Vogelwelt miterleben dürfen. Im gegenüberliegenden Hof steht eine sehr alte Kastanie, deren Blätter seit einigen Jahren spätestens im Mai von der Miniermotte zerfressen werden. Dort sitzen also Tausende kleine Maden und zerstören die Blätter der Kastanie, während drei Meisenpaare, die in unseren Gartenkästen nisten, eifrig durch die Gegend fliegen, um die wenigen Insekten zu fangen, die so ein Innenstadthof noch hergibt. Dass die kleinen Maden unter der Blattepidermis der Kastanienblätter eigentlich die ideale Futterquelle wären, schien ihnen nicht bewusst zu sein, zumindest nicht in den ersten zwei Jahren. Doch dann, schon im dritten Jahr, habe ich mit meinem Fernglas beobachten können, wie die Meisen sportlich-elegant auf den Kastanienblättern hin und her hopsten und sich dort die Maden in Teigtaschen herauspickten. Kaum hatten die Meisen diese neue Spezialität für sich entdeckt, ging es der Kastanie von Jahr zu Jahr viel besser.

Es gibt natürlich wie immer zwei Schulen: Die einen behaupten, dass das Problem erst mit den »Fremden« gekommen ist, die anderen meinen, dass es nur mit den »Fremden« möglich sein wird, das Problem zu bewältigen. Da sich aber nicht nur die Grünen und die CSU in diesem Punkt nicht ganz einig sind, sondern auch Darwin und Humboldt, möchte ich weitere Thesen und Ideologien außen vor lassen, mich aber noch einmal für einen offenen Umgang mit dem Thema aussprechen. Denn letztendlich bleibt meiner und den kommenden Generationen gar nichts anderes übrig, als sich mit dem Wandel von Flora und Fauna zu befassen. Der Satz »Früher war alles besser« bringt es für mich auf den Punkt, denn früher war auch die Zukunft besser.

Lassen Sie uns deshalb nicht den Kopf in den Sand stecken, sondern bewusst und aufmerksamer leben und auch die Veränderungen zum Guten wahrnehmen. Nicht alles Neue ist schlecht, doch viel Schlechtes ist neu, aber daran müssen wir uns nicht gewöhnen.

Ich beschäftige mich bereits seit meinem Studium damit, ob es sinnvoll ist, Baumgattungen, die mit unseren einheimischen verwandt sind, zum Beispiel aus Südamerika hierherzuholen, um zu sehen, wie sie sich mit unseren vertragen, ob sie vielleicht umwelttechnisch besser ausgestattet sind, sozusagen stadtklimafester, wie man das so schön nennt. Bäume und Sträucher aus Chile könnten eine Alternative sein, sind sie doch regelmäßigen Vulkanausbrüchen ausgesetzt und sollten somit gute Stadtklimafestigkeit besitzen. Ich durfte nach meinem Studium eine Weile in Chile leben, um dort die heimische Flora zu studieren und mit der unseren zu vergleichen. Ich bin ganz sicher, dass es dort, wie an vielen anderen Orten auch, Pflanzen für unsere Zukunft gibt, die es uns ermöglichen könnten, einige unserer verloren gegangenen Schätze zu ersetzen. Denn unsere einheimische Pflanzen- und Tierwelt ist nun einmal zwar die erhaltenswerteste, leider aber nicht mehr die stabilste.

Zeigerpflanzen und was sie eigentlich zeigen

Ich ziehe das Wort »Indikatorpflanze« vor, denn diese Pflanzen haben die Fähigkeit, dem wachen Beobachter sehr viel über eine Landschaft oder einen Garten zu erzählen. Im Allgemeinen handelt es sich hierbei um Pflanzen, die eine geringe Toleranz gegenüber Veränderungen ihrer Lebensverhältnisse haben – also ein bisschen so wie viele von uns. Ist ihr bevorzugtes Wirkungsfeld gestört, verlassen sie den Ort, gehen ein oder ziehen um – ich spreche jetzt wieder von den Pflanzen. Mit anderen Worten: Sie geben mir, der Gestalterin, oder Ihnen, dem Gartenbesitzer oder der Gartenbesitzerin, vom ersten Tag an zu erkennen, auf welchen Boden man sich einstellen sollte. Das bedeutet eben auch, dass Wildkräuter nicht für immer bleiben; häufig genügen ein paar wenige Bodenveränderungen, um sie zu vergraulen.

So kann man unbedingt davon ausgehen, dass Böden, auf denen viel Vogelmiere, die große Brennnessel, schwarzer Holunder oder Melde wachsen, sehr stickstoffreich sind. Bei Staunässe kann man von verdichtetem Boden ausgehen; auf ihm wachsen bevorzugt Ackerschachtelhalm, Huflattich, Breitwegerich und vor allem die gemeine Quecke. Möchte man sie loswerden, empfiehlt es sich, den Boden durch regelmäßige Zugabe – also einmal jährlich im Frühjahr – von Gartenkompost aufzulockern. Ist die Bodenkrume gelockert, verschwinden die schwierigen Wildkräuter. Bei Neuanlagen von Stauden- oder Gehölzbeeten ist es empfehlenswert, die zu bepflanzende Fläche einmal gänzlich umzugraben, sie also zu lüften, um die Verdichtung des Bodens zu beheben, die Wurzeln der Kräuter zu entfernen und dann neuen Boden (Kompost) hinzuzufügen.

Wer einen gesunden Boden mit vielen Mikroorganismen hat, hat ein wesentlich leichteres Leben als jemand, der auf platter, harter Wüste beginnt. Dort müssen dann die nützlichen kleinen Mitarbeiter erst einmal wiedereingeführt werden. Auch das macht man am besten mit dem eigenen Kompost oder Kompost aus einem Kompostierwerk. Es ist vielleicht nicht das appetitlichste Thema des Gärtnerns, aber mit Sicherheit eines der wichtigsten, denn der Gartenboden ist ein wenig wie der Darm des Menschen: »*We are what we eat.*« Der Gartenboden entsteht aus dem, was ihm bleibt, wenn wir mit all unseren geliebten Reinigungsaktionen wie Fegen, Laubblasen und Harken fertig sind. Mit anderen Worten: Je weniger organisches Material wir im Laufe des Jahres auf den Beeten lassen, umso weniger stärken wir das Bodenleben und umso mehr freuen sich die Indikatorpflanzen auf ihren Job. In wirklich gesunden Böden, mit einem gesunden, lockeren Mikroklima, fühlen sich nur sehr wenige Zeigerpflanzen und Wildkräuter wohl.

Wenn Ihr Gemüsegarten nur so von Vogelmiere überwuchert wird, kann das natürlich daran liegen, dass Sie über die Wintermonate leichtsinnigerweise das Vogelfutterhäuschen dort aufgestellt hatten. Doch in den meisten Fällen handelt es sich um einen völlig überdüngten Boden, in dem die Miere ideale Verhältnisse findet. Allerdings ist die Vogelmiere auch ein guter Vorbereiter für Gemüsebeete, denn sie nimmt überflüssigen Stickstoff aus dem Boden auf, der für Junggemüse schädlich sein könnte. Anders formuliert: Die Natur ist schon sehr clever, man muss sie nur lesen können. Etwa 90 Prozent aller zu gestaltenden Stadtgärten bestehen heute aus nur zehn Zentimeter Mutterboden über Bauschutt und zerfahrenem Unterboden, da allerdings braucht man nicht einmal Pflanzenkenntnis, um zu erkennen, dass da nichts wächst.

Rasen!

»Der viele Rasen ist zum Rasendwerden«, verkündete schon Karl Foerster. Und trotzdem ist er auch des Deutschen liebstes Kind. Keinem Gartenbereich wird so viel Aufmerksamkeit, Zeit, Geld und Zuneigung gewidmet wie dem Rasen. Ganz gleich, wie groß oder klein die neu erworbene Gartenfläche ist, als Erstes muss mal Rasen her, am liebsten alles glatt und sattgrün. Und dann – man sieht es an den leuchtenden Augen der Hausherren – sehen sie sich bereits in ferner Zukunft auf dem Aufsitzmäher mit einer Zigarre im Mundwinkel über das edle Grün ihre Bahnen ziehen. Es sind vielleicht nur 80 Quadratmeter, aber vor Augen hat Mann dann doch eher das

Wembley-Stadion. Es ist ohne Frage die schwierigste Aufgabe in meinem Beruf als Gartengestalterin, die Menschen – bevorzugt Männer – davon zu überzeugen, etwas von dem geliebten Rasen für Bepflanzungen abzugeben. Bei jeder Gestaltung geht der Kampf um Zentimeter. Der Hausherr immer im Glauben, dass Rasen den Garten groß erscheinen lasse – stimmt übrigens nicht –, die Hausherrin immer auf der Suche nach einem Plätzchen für eine blühende Pflanze.

Hinter diesen zwei grundsätzlich unterschiedlichen Ansichten von Mann und Frau versteckt sich das Bild des klassischen deutschen Gartens der 60er-Jahre: alles Rasen und hinten links eine Forsythie. In den 70er- und 80er-Jahren dann traute man sich mehr: Links und rechts, entlang der Nachbarzäune, wurde jeweils ein halber Meter für die Bedürfnisse der Frau freigegeben; hier durfte sie – ganz ordentlich in einer Reihe – die Pflanzen ihrer Begierde setzen. Nur eines durften diese Randbepflanzungen auf gar keinen Fall: über den Rasen hängen und den Mann bei seinem Tun mit dem Mähgerät behindern. Heute, im 21. Jahrhundert, dürfen hier und da die Beete auch schon mal etwas größer sein, aber eines ist nach wie vor völlig verpönt und gehört zu den sieben Todsünden im Garten: Es darf sich nichts über den Beetrand hinaus in seiner natürlichen Form über den Rasen legen.

Es stimmt natürlich, dass der Rasen dort, wo er regelmäßig von Grünbelaubtem überlagert wird, nicht besonders gut wächst und dass es ziemlich mühselig ist, beim Mähen die Pflanzen hochzuhalten, um darunter durchzufahren, aber schöner ist es trotzdem. Leider macht sich der Rasenmähende meist nichts aus anderen Pflanzen und mäht deshalb gerne mal das Überhängende einfach mit ab. Dies ist ein sich 30 Wochen im Jahr wiederholendes

Gartenritual. Der Mann mäht – meist freitags, es sei denn, das Gemisch ist alle, dann auch mal am Samstag – den Rasen, und die Frau ärgert sich maßlos darüber, dass er jedes Mal, aber auch wirklich jedes Mal dabei ihre Stauden mit abrasiert.

Ansonsten wäre beim Rasen nur noch zu bemängeln, dass er trotz all dem Aufwand – Mähen, Düngen, Wässern, Vertikutieren etc. – in den meisten Gärten einen sehr geringen Anteil an Gras und einen sehr hohen Anteil an Moos, Löwenzahn und anderen Wildkräutern aufzuweisen hat. Aus meiner Sicht handelt es sich bei mindestens zwei Dritteln dieser Flächen nicht wirklich um Rasen. Macht nichts, er bekommt trotzdem im Schnitt 70 Prozent mehr Aufmerksamkeit als das restliche Grün im Garten.

Und da sind wir beim Thema Vertikutieren. Jedes Frühjahr erfolgt die gleiche Prozedur mit der großen Frage: Vertikutieren oder nicht? Jede Gartenbesitzerin kennt die hochgezogenen Augenbrauen der Gärtner- und Gärtnerinnen, die den Rasen im Frühjahr auf seine Bedürfnisse hin untersuchen, oft gefolgt von den Worten: »Der sieht ja schlimm aus. Haben Sie denn noch nicht vertikutiert?« Gerne wird auch behauptet, es hieße »vertikultieren« oder »vertikuzieren«. Auf jeden Fall handelt es sich um einen recht kostenaufwendigen Eingriff, der nur zu oft nicht die alleinige Lösung des Problems ist. Ja, richtig, es könnte sein, dass Ihr Rasen mehr als nur diese eine aufwendige Maßnahme benötigt, um Ihnen wieder zu gefallen. Mitnichten ist es richtig, dass Rasen die einfache Option ist. Guter Rasen ist ohne Frage eine der aufwendigsten Kulturen, die man sich in den Garten legen kann. Der Vorteil: Keiner weiß das. Der Nachteil: Man erfährt es meistens erst, wenn es fast zu spät ist.

Dass guter Rasen solch eine Seltenheit geworden ist, liegt an einer ganzen Reihe von Vereinfachungstechnologien des 20. und 21. Jahrhunderts. Die Einführung des motorisierten Rasenmähers im Jahr 1830 kann zwar als echte Errungenschaft gewertet werden, doch war er keine Eroberung, die sich damals jeder leisten konnte. Auch der dazugehörige Grasfangkasten, der erst später dazukam, trug nicht zur Verbesserung der Rasenflächen bei. Im Gegenteil: Er muss eher als Fluch für den Rasen bezeichnet werden. Denn als unsere Großväter noch mit der Harke wöchentlich den Rasen harken mussten, wurde der Rasen auch noch wöchentlich vertikutiert. Schließlich ist Harken nichts anderes als die regelmäßige Entfernung des Rasenfilzes. Zusätzlich verhilft die grobe Harkenzinke dem Rasen zu kräftigerem Wuchs, denn sie verletzt die Grasnarbe, und die Graswurzeln reagieren auf Verletzungen durch Anritzen mit extra kräftigem Wuchs. Wer also regelmäßig mit einem Fangkorb den Rasen mäht, dem würde ich nahelegen, den Rasen mindestens einmal im Monat kräftig zu harken. Sie werden sehen, dass Sie in kürzester Zeit nicht nur einen wesentlich schöneren Rasen haben, sondern auch eine exzellente Brust-, Bauch- und Beinmuskulatur. Im Sommer könnte man sich dann fast das Fitnessstudio sparen.

Übrigens, der Rasenschnitt eignet sich in großen Mengen nicht für den Kompost, wie Sie vielleicht schon festgestellt haben. Er entwickelt dort eine stark duftende anorganische Schleimschicht, die den Rest des Komposts vom Kompostieren abhält. Wesentlich besser ist es, den Rasenschnitt mit anderen zu kompostierenden Gartenabfällen zu mischen oder den Schnitt als Mulchmatte unter Hecken zu verteilen. Gar keinen Rasenschnitt haben Sie, wenn Sie einen Mulchmäher benutzen, der den

Rasenschnitt sogleich zerkleinert und dem Rasen wieder beimischt. Auch in diesem Fall ist Harken ab und an sehr wichtig, da sonst auch dieser Rasen verfilzt. Egal, was sie tun, und ob es sich um Rollrasen oder Ansaat handelt, früher oder später ist der Rasen fällig, verliert an Farbe und Kraft und bildet Moos- und Unkrautzonen, und Sie müssen vertikutieren, um das geliebte Grün zu retten.

Einmal im Jahr zu vertikutieren, und zwar im Frühjahr, hilft tatsächlich, ist aber nicht das Ende aller Weisheit, denn es entfernt lediglich oberflächlich Rasenfilz und Moos. Vielmehr gilt, was in einem einschlägigen englischen Rasenbuch steht: »*If you want to have a beautiful lawn, with many different fine grasses, you better start to love scarifying.*« (Wer einen schönen, feinen Rasen mit vielen unterschiedlichen Gräsern haben möchte, der sollte anfangen, das Vertikutieren zu lieben.) Das Entfernen von Moos und Rasenfilz führt zu einer besseren Versorgung der Rasenwurzeln, und wer möchte, dass sich dieser Filz gar nicht erst einnistet, sollte wöchentlich harken und muss dann kaum noch vertikutieren. Das hatten wir bereits, ist fürs Erste nicht schlecht, ich wollte es nur noch einmal verfestigen. Wenn aber das Problem – wie in den meisten Gärten – nicht an der Oberfläche liegt, sondern in tieferen Gefilden, dann hilft nur Lüften, auch Aerifizieren genannt. Eigentlich ist diese Aktivität wichtiger, denn sie sorgt dafür, dass vor allem verdichteter, tiefer liegender Boden durchlüftet wird. Das wiederum fördert die Grasnarbe und reduziert vor allem die Moosbildung. Für die, die ihren Rasen wirklich lieben, gilt: Ein ausreichend durchlüfteter Rasen, der schnell und gut das Regenwasser ablaufen lässt, bildet nur langsam Moos und Filz.

Natürlich gibt es für diese Tätigkeit auch ein eigenes Gerät: den Aerifizierer. Es ist ein Gerät mit rotierenden

Stacheln oder hohlen Löffeln (*Spoons*), die sich etwa fünf bis neun Zentimeter in den Boden bohren. Ist dieser Vorgang des Durchlöcherns abgeschlossen, kommt der wichtige Teil der Aktion: das Topdressen. Ich habe Ihnen nämlich noch nicht die ganze Wahrheit übers Lüften gesagt. Der wirkliche Clou liegt darin, dass man nach dem Lüften ein Erde-Sand-Gemisch auf den Rasen aufbringt. Es sollte nicht nur oberflächlich aufgetragen, sondern liebevoll in die durch das Lüften entstandenen Löcher eingefegt werden. Erst das verhilft dem Rasen zum absoluten Glück und ultimativen Grün. Am besten ist eine Mischung aus Sand, Erde, Dünger und Rasensamen, sodass eine Fläche gleichzeitig gedüngt und nachgesät wird. Empfohlen wird, das ganze Prozedere zwischen März und Mitte Mai durchzuführen.

Das Aerifizieren wurde übrigens erst 1946 erfunden, hauptsächlich zur Nutzung auf Sport- und Golfplätzen. Erst ab den 70er-Jahren, als private Gartenbesitzer begannen, motorisierte Rasenmäher zu erwerben, wurde es auch für den Privatgarten entdeckt – schrecklich, oder?

Eine weitere moderne Errungenschaft stellt der Fertig- oder Rollrasen dar. Es ist natürlich traumhaft, einen »Sofortrasen« zu haben, hat aber auch seine Tücken: Eine davon ist der Preis. Gerne lässt man sich das satte Grün mal richtig was kosten, wenn das bedeutet, dass man nicht über Monate die Vögel von der Saat verscheuchen muss. Auch monatelanges tägliches Wässern einer Neuansaat kann sehr mühselig sein. Also optieren immer mehr Gartenbesitzer für Fertigrasen, zumal man diesen im Internet oft schon recht günstig angeboten bekommt.

Ich würde Ihnen allerdings raten, sich nicht unbedingt vom günstigsten Anbieter locken zu lassen. Guter Rasen ist mit dem bloßen Auge nicht auf Anhieb zu erkennen. Es kommt auf die Sortenvielfalt der Mischung an, weshalb zu empfehlen ist, auf die Zusammensetzung des angebotenen Rasens zu achten und eventuell nachzufragen. Es gibt viele Mischungen, über die keine genaueren Angaben gemacht werden, davon sollte man tunlichst die Finger lassen. Wenn Spielrasen, Zierrasen, Sport- oder Landschaftsrasen auf der Packung steht, muss das noch lange nicht bedeuten, dass er für Ihre Zwecke geeignet ist. Und da die Vorarbeiten für einen guten Rasen recht aufwendig sind, macht es nicht viel Freude, nach zwei Monaten festzustellen, dass man die völlig falsche Mischung gekauft hat.

Das ist jetzt vielleicht ein wenig langweilig, aber ein klassischer Spielrasen sollte mindestens fünf unterschiedliche Gräser beinhalten, und zwar in folgendem Mischverhältnis:

40 Prozent	Wiesen-Rispengras (*Poa pratensis*)
35 Prozent	Herbst-Rotschwingel (*Festuca nigrescens*)
10 Prozent	Haarblättriger Schwingel (*Festuca trichophylla*)
10 Prozent	Rotschwingel (*Festuca rubra subsp. rubra*)
5 Prozent	Rotes Straußgras (*Agrostis capillaris*)

Wenn ein Rasenproduzent die Zusammensetzung seines Rasens nicht preisgeben möchte, gibt er ihr gerne einen blumigen Namen wie »Berliner Tiergarten« oder »Fürst von Pückler«. Das hört sich super an, ist aber nicht unbedingt ein Gütesiegel, sondern soll oft nur wenig hochwertige Saatmischungen von maximal drei Sorten attraktiv machen. Dass aus Kostengründen nicht mehr Sorten beigemischt wurden, sollen der Kunde und die Kundin natürlich nicht wissen. Gerade bei Privatgärten sind die Ansprüche an den Rasen so vielseitig, dass man hier unbedingt auf die strapazierfähigen und sich schnell regenerierenden Grasarten achten sollte.

Schatten, vor allem der von Bäumen, ist Gift für den normalen Rasen. Deshalb ist dringend geraten, für solche Standorte zu Schattenrasen zu greifen. Seit einiger Zeit gibt es den auch als Rollrasen, doch machen Sie sich unbedingt die Mühe, herauszufinden, woher der Rasen stammt. Auch hier sollte man auf die Zusammensetzung des Rasens achten, denn gerade bei Schattenrasen wird einem oft ein Bär aufgebunden. Es bewährt sich hier, nicht nur darauf zu schauen, dass *ausreichend viele* Grasarten enthalten sind, sondern auch darauf, um *welche* Gräser es sich handelt, und auf ihre Zusammenstellung. Hier mal ein paar Sorten, die auf jeden Fall enthalten sein sollten, und ihr ideales Mischungsverhältnis:

30 Prozent	Hain-Rispengras (*Poa nemoralis*)
20 Prozent	Deutsches Weidelgras (*Lolium perenne*)
20 Prozent	Gemeine Rispe (*Poa trivialis*)
15 Prozent	Wiesenrispe (*Poa pratensis*)
15 Prozent	Trügerischer Rotschwingel (*Festuca rubra subsp. commutata*)

Kleiner Tipp: Unter Rotbuchen oder Blutbuchen wächst Rasen nicht, weil die Blätter dieser Bäume besonders viel Sonnenlicht für die Fotosynthese absorbieren und so gut wie keines für die darunterliegenden Pflanzen übrig lassen. Versuchen können Sie es natürlich dennoch, beschweren Sie sich dann aber bitte nicht! An regelmäßigem Gießen kommt man allerdings auch bei Rollrasen nicht vorbei, bis er angewachsen ist.

Zusammenfassung: Wer auf Sortenvielfalt, das richtige Mischverhältnis und eine gut verwurzelte Sode achtet, den Rasen regelmäßig gut wässert und mindestens zwei bis drei Wochen nach der Verlegung nicht betritt, der wird auch einen schönen Rasen haben – jedenfalls bis zu dem Zeitpunkt, an dem er vertikutiert werden muss.

Die detaillierte Ausführung hier dient einzig und allein dazu, deutlich zu machen, warum eine ganze Reihe von Rasenflächen nicht so aussieht, wie ihre Besitzer sie sich vorgestellt haben.

Sehr häufig werde ich auch gefragt, warum der Rasen hier und da und überhaupt eigentlich im ganzen Garten trotz aller Bemühungen nicht wächst, obwohl er doch an vielen Stellen mindesten morgens oder nachmittags drei bis vier Stunden Sonne bekommt. Da sind wir noch mal beim Thema Schatten: Drei bis vier Stunden Sonne ist für ein Gewächs, das in seiner Wachstumsperiode (April bis Mitte Oktober) mindestens zehn Stunden Sonne pro Tag benötigt, Schatten. Man spricht von lichtem Schatten, wenn es sich nur um ein paar Stunden Sonneneinstrahlung handelt – wie zum Beispiel in Hinterhöfen –, und verwendet diesen Begriff auch häufig, um den Bereich unter Bäumen zu beschreiben. Damit es dem Rasen wirklich gut geht, braucht er im Sommer die zehn Stunden Sonne oder ungestörtes, helles Tageslicht. Dass Rasen viel Sonne braucht, ist beispielsweise am satten Grün von Golfplätzen gut erkennbar. Wer diese Voraussetzungen nicht hat, sollte über Schattenrasen nachdenken, wie schon geschildert.

Das ist nun doch ein recht langer Text zum Rasen geworden, aber ich dachte, lieber so, als dass man mir nachsagt, ich wäre generell gegen Rasen, was nicht stimmt. Ich bin allerdings auch nicht dafür, jeden freien Platz im Garten mit Rasen zu belegen. Denn eines ist Rasen auf gar keinen Fall: pflegeleicht.

Hochsommer: Juli bis Ende August oder Sommerferienzeit

Für den Garten ist der Juli der Monat des Umbruchs, aus Euphorie wird Ruhe und Gelassenheit. Die Monate des Erwachens der Pflanzen, die üppige Produktion von bunten Blüten und Unmengen an unterschiedlichen Grüntönen beim Laub ist geschafft, nun gelangt der Garten in ein sanfteres Fahrwasser – es sei denn, man hat Gemüse, ich warnte Sie ja bereits.

War das Laub in Frühjahr und Frühsommer noch fast kitschig grün und in vielen Farbnuancen im Garten verteilt, ähneln sich nun die Grüntöne, ihre Leuchtkraft nimmt ab.

Es kommt die Zeit der dumpferen, satten Farben, die zu dem harten, grellen Licht des Hochsommers passen. Es ist die Saison der Sonnenblumenfamilie, auch Korbblütler genannt, wie Sonnenbräute, Sonnenhüte und Mädchenaugen in sattem Gelb oder vor allem rostorangenen bis samtroten Farben, der violetten Echinacea. Die frischeren Farbtöne bringen Phlox und Indianernesseln in diese zwei Sonnenmonate, allerdings ist zu beachten, dass es beide Gattungen übel nehmen, wenn man sie zu lange in der

Urlaubszeit im Stich lässt, dann entwickeln sie gerne mal Mehltau.

Wer glaubt, dass es dem Garten nichts ausmache, wenn man ihn gerade in dieser Jahreszeit alleine lässt – vor allem ohne Bewässerung –, der merkt bald: Er nimmt es sehr wohl krumm. Denn wenn Pflanzen gerade in den Monaten, in denen die Sonne noch immer recht hoch steht, nicht gewässert werden, gehen sie sehr schnell dazu über, das Blühen einzustellen und die Saatformierung zu beginnen. Es ist sozusagen ein Schutzmechanismus der Natur, unter Stress produzieren Pflanzen schnell noch Nachwuchs, man weiß ja nie, ob noch mal Wasser kommt. Da ist so eine Mutterpflanze wie eine echte Mutter und weiß sich nur so zu helfen: Nachwuchs muss her.

Der Gärtner glaubt derweil, er könne problemlos verreisen, und nimmt fälschlicherweise an, dass die Pflanzen das tun, was wir an ihnen lieben: einfach da sein. Doch das ist leider nicht so. Auch wenn wir alle in diesen Monaten sehr gerne das Land verlassen und auf Reisen gehen, der Garten dankt es uns nicht. Rein gar nicht – aber wir fahren trotzdem. Und was machen wir auf den Reisen? Fotos von schönen Häusern und Gärten, die mir dann im August von meinen Kunden zum Staunen vorgelegt werden. Es bringt mich immer wieder sehr zum Schmunzeln, wenn sie mir Bilder von gepflegten Gärten in England oder Gemüsegärten in Italien zeigen, um mich dann zu fragen, was die wohl anders machen. Die Antwort ist einfach: Die bleiben zu Hause.

Wie dem auch sei, im Hochsommer sind die meisten Gartenbesitzer weg, und der Garten muss sich um sich selbst kümmern. Die Rückkehrer sind dann nicht selten erst geschockt, dann empört und am Schluss verzweifelt und laufen in dieser Verzweiflung umgehend ins Gartencenter, um noch ein bisschen Farbe für den Restsommer zu erhaschen. Zu meiner größten Verzweiflung, aber auch Herausforderung gehört dann das Szenario, das sie jetzt in den Gärtnereien und Gartencentern erwartet: der absolute Heide- und Chrysanthemenwahnsinn. Ich bin jedes Jahr aufs Neue empört über die Tatsache, dass es zu dieser Jahreszeit – also ab Mitte, Ende August – landauf, landab fast keine anderen Pflanzen zu kaufen gibt.

Natürlich haben Sie recht, wenn Sie erwidern, dass die Heide vom 8.8. bis 9.9. blüht, aber vor allem in der Heide. Man muss sie sich doch nicht gleich ins Beet holen! Es gibt Hunderte von schönen Stauden und vor allem Gräsern, die in dieser Jahreszeit überhaupt erst mit der Blüte beginnen. Da finde ich es sträflich, dass die Läden nichts als Heide und Chrysanthemen anbieten, nur weil es die dann gibt. Noch dazu kommen die Chrysanthemen zu der Zeit alle aus Gewächshausanlagen, die tagsüber verdunkelt werden, um den Pflanzen kurze Tage vorzugaukeln, denn eigentlich wollen sie später blühen, dann nämlich, wenn die Tage kürzer sind, also im Herbst. Erst Ende September haben wir in Deutschland um die zwölf Stunden Tageslicht und somit ideale Bedingungen für Chrysanthemen. Sie würden es Ihnen also sehr danken, wenn sie erst dann vor Ihre Haustür in den Trog kämen.

Gartentypen

In einem meiner ersten Gestaltungsbücher habe ich ein Kundenquiz entwickelt, das die Menschen in Gartentypen einteilt. Das hilft mir, sie zu verstehen, um ihnen dann die Planung für einen Garten machen zu können, der zu ihnen passt. Es geht dabei weniger darum, meine

Kunden in den rundlichen Barocktyp oder den schlanken Bauhaustyp einzuteilen, als vielmehr darum, herauszufinden, worauf sie überhaupt Lust haben im Garten. Denn was nützt es, wenn ich ihnen einen tollen Garten mit blühenden Blumen, blubberndem Wasser und einem Gemüsegarten gestalte und sie mir dann sagen: »Ne, also im Garten arbeiten kommt für mich gar nicht infrage.«

Das wäre bei mir zum Beispiel der Typ A: Er definiert seine Aktivitäten ausschließlich über Dinge, für die man keinen Garten braucht: Terrasse kärchern, Auto waschen etc. Der Vorgarten ist für ihn der ideale Fuhrpark für alles, was Räder hat, und wenn man ihn fragt, welchen Nutzen er für sich persönlich aus dem Garten zieht, ist meist die Antwort: »Keine Ahnung, aber er ist ja nun mal da.« Und das, liebe Leser und Leserinnen, stimmt nicht. Es gibt viele Menschen ohne Garten, die von nichts anderem träumen als von ihrem eigenen kleinen Stückchen Erde und die gern mit Typ A tauschen würden. Für Typ A muss ich mir als Gestalterin auch nicht den Kopf zerbrechen, wie ich es ihm oder ihr vielleicht doch noch so schön machen kann, dass sie ihre Meinung ändern. Nein: Typ A ist hoffnungslos. Ich rate ihm also: Verschenken Sie dieses Buch an jemanden, der sein Fleckchen Erde liebt, und widmen Sie sich gelassen und ohne schlechtes Gewissen den Dingen, die Sie wirklich interessieren. Vielleicht tauschen Sie zuvor noch Haus und Garten gegen eine Eigentumswohnung, damit der Garten nicht verschwendet wird.

Aus meiner Sicht ist es weder verwerflich noch anrüchig, sich aus dem Garten und dem Gärtnern nichts zu machen; sich dann aber trotz dieses Wissens ein Haus mit Garten zu kaufen, ist fahrlässig und vor allem schlecht für die Umwelt. Wer ein Haus mit Garten erwirbt, sollte sich klarmachen, dass damit auch ein Stück Verantwortung in seine Hände fällt und nicht nur Laub.

Aber da gibt es ja auch noch die Gartentypen AB, B, BC und C auf meiner Liste, die sich allesamt vom Typ A durch eine marginale bis grandiose Gartenleidenschaft unterscheiden. Da Typ C sowieso schon mit voller Überzeugung im Bann des Gartens steht und aus den Beeten nicht mehr herauszubekommen ist, sehe ich meine Aufgabe darin, besonders die Typen B und BC zu ermutigen, echte Glückspilze zu werden.

Wie bereits ansatzweise erklärt, nehme ich also diesen Fragebogen, der mir zusammen mit einem Story- oder Moodboard, das meine Gestaltungskunden anfertigen, die Bestimmung des jeweiligen Gartentyps erlaubt, nicht nur sehr ernst, sondern mache diese Unterlagen zum Zentrum meiner Gestaltung. Für mich ist es essenziell zu verstehen, wie mein Kunde seinen Garten ansehen und nutzen möchte. Es ist sein Garten, nicht meiner. Er muss dort wohnen, nicht ich. Mir geht die uninformierte Gestalterei einiger Kollegen immer mehr auf die Nerven, zumal sehr viele Gartenbesitzer zu mir kommen, nachdem das Elend schon passiert ist. Dann hätten sie es meist gern ein wenig kuscheliger, und vielleicht geht ja auch was mit blühenden Pflanzen? Da frage ich mich, wie es Spaß machen kann, Häuser oder Gärten zu gestalten, in denen sich der Kunde nicht wiederfindet. Mittlerweile gibt es nicht nur viele Häuser, bei denen der Architekt sich verwirklicht hat und in denen die Eigentümer wie ihr eigener Besuch aussehen, nein, mittlerweile gibt es Haus und Garten im gruseligen Doppelpack. Nun habe ich mich unbeliebt gemacht, zumindest bei den Selbstverwirklichern unter den Gartenarchitekten, doch zum Glück gibt es da draußen auch eine gesunde Menge an Gestaltern, die Ihnen zuhören und die Ihnen gern und ohne Gesichtsverlust *Ihren* Garten planen und nicht den fürs eigene Ego.

Es ist schon richtig, wenn Sie jetzt einwenden, dass ja aber viele Menschen gar nicht wissen, wie sie wohnen möchten, geschweige denn, wie sie den Garten haben möchten. Und genau deshalb sollte man sie mit den Fragen zu »*Like or don't like*« bombardieren. Gerade bei denen, die sich wenig Gedanken gemacht haben, sind ein Fragenkatalog und ein Moodboard besonders wichtig, damit die Gestaltung kein Flop wird. Die Menschen liken oder disliken doch jeden Tag Hunderte von Dingen bei Facebook oder Instagram, da muss doch auch herauszufinden sein, welcher Garten ihnen zusagen würde.

Eines geht grundsätzlich immer schief, und das ist der Überraschungsgarten. Früher habe ich mich über Kunden, die vollstes Vertrauen in mich hatten, immer sehr gefreut; die ließen mir freie Hand und mischten sich nicht ein. Bis etwas nicht so war, wie sie es sich vorgestellt hatten, dann gab es meist einen lauten Knall. Dann wurde aus dem Statement: »Ich habe keine Vorstellung davon, wie mein Garten aussehen soll, machen Sie mal« ein: »Na, so hatte ich mir das aber nicht vorgestellt!« Ein gefährliches Spiel, da sorgt ein Storyboard im Vorhinein eindeutig für Schadensminimierung.

Demutsschule

Nirgendwo – das ist zumindest meine Überzeugung – lernt man so sanft, ohne Beschimpfungen und Erniedrigung etwas über Demut wie in der Natur. Manchmal kann man die Natur kurzfristig überlisten und über sie bestimmen, wie wir es ja alle über viele, viele Jahre getan haben. Aber nun rächt sie sich, leise, stetig, auf den ersten Blick fast nicht wahrnehmbar, und doch ändert sich das große Bild. Wir, die Menschen, werden zuerst nachdenklich, dann reumütig und am Ende demütig – so bleibt zu hoffen. Nachdenklich zu werden ist gut, aber man sollte nicht allzu lange dabei stehen bleiben, denn sonst überholen uns die Ereignisse, und dann nützt uns selbst die Demut nichts mehr.

Wir können etwas tun, und zwar im Hier und Jetzt. Wir können uns mehr Mühe geben, die Zusammenhänge und Prozesse zwischen Mensch und Natur zu verstehen, und versuchen, ein Teil davon zu werden. Dafür müssen wir uns Flora und Fauna nicht untertan machen, sondern uns ihnen unterwerfen und in demütiger Anerkennung begreifen, dass wir ohne sie nicht existieren können. Aber das ist eine schwierige Aufgabe, haben wir doch alle gelernt, dass nur der Stärkste überlebt, und da drängt sich die Frage auf: Wer wird das sein?

Wem die großen, globalen Aufgaben zu unübersichtlich sind, der kann Demut in kleinen Schritten im eigenen Garten oder sogar auf dem Balkon üben. Denn an diesen Orten finden jedes Jahr von Neuem kleine Machtkämpfe statt, die fast immer die Natur gewinnt – auch wenn sie ihr Leben geben muss, um uns zu erklären, was geht und was nicht. Jedes Jahr werden Tausende und Abertausende von ungeeigneten Pflanzen, manchmal aus Unwissenheit, manchmal aus Ignoranz oder schierer Dickköpfigkeit gekauft und an Orte und Plätze gepflanzt, wo sie einfach nicht sein wollen. Das kann man mit einem Ball oder einem Eimer oder einem Auto tun, die können sich nicht wehren, aber eine Pflanze kann das und nutzt diese Gabe schamlos aus. Sie hat die Fähigkeit, sich einfach so, mir nichts, dir nichts zu verabschieden, wenn es ihr nicht gefällt, man sie nicht gießt, nicht düngt, zu sonnig oder zu schattig hält. Sie ist wie wir, sie hat Ansprüche, und wenn die nicht erfüllt werden, wird sie krank, und wenn sie dann keine Pflege bekommt, stirbt sie.

Häufig kommen Menschen mit verhungerten, ausgemergelten Topfpflanzen, die sie monatelang vernachlässigt haben, zu uns, um zu behaupten, sie sahen schon beim Kauf traurig drein, und nun schauen Sie doch mal, wie schlecht es ihr geht! Ich kann natürlich nicht hinter die Kulisse blicken und sagen, ob die Pflanze wochenlanger Achtlosigkeit ausgeliefert war, ich würde mich nur über ein wenig mehr Ehrlichkeit freuen und darüber, dass der Kunde einfach mal die Verantwortung für die vernachlässigte Pflanze übernimmt. Was soll denn der arme Gärtner an der Kasse sagen? Er erkennt natürlich auf den ersten Blick, dass die Pflanze nicht in dem Zustand die Gärtnerei verlassen hat, und nun soll er dafür die Verantwortung tragen. Sorry, aber das ist wirklich nicht fair. Mit ein wenig Demut kann man sich die mangelnde Aufmerksamkeit ruhig eingestehen, denn die Pflanzen haben sich ihr neues Zuhause nicht ausgesucht. *Sie* haben sich die Pflanze gewünscht, und nun geben Sie sich bitte einfach ein wenig mehr Mühe. Niemand hat gesagt, dass das einfach ist mit den Pflanzen, aber ein paar Versuche ist es wert, und es ist ein guter Schritt in Richtung besserer Umgang mit der Natur. Ich plädiere an dieser Stelle für den Slogan: »Eine Pflanze ist nicht nur für Weihnachten.«

Es ist vielleicht in diesem Kapitel angebracht, meinen generellen Unmut über den Umgang mit Pflanzen einmal auszusprechen. Zum Beispiel gibt es – ob Sie es glauben oder nicht – Kunden, die auf dem Weg zur Kasse einen Ast am Busch oder eine Blüte an der Staude abbrechen, um dann an der Kasse zu fragen, ob es die Pflanze nun günstiger gibt. Oder aber frisch getopfte Sämlinge werden einfach aus dem Topf gezogen und verschwinden flugs in der Tasche. Ist wirklich zum Weinen, und manchmal fehlen mir die Worte, vor allem weil ich weiß, dass die Pflanze es in der Hand- oder Hosentasche nicht bis zu der Dame oder dem Herrn nach Hause schafft, sondern vorher stirbt. Wo ist da die Rücksicht geblieben? Tausende, auch Hunderttausende von gestohlenen Samenkapseln, Stecklingen und so weiter werden jedes Jahr in aller Welt und vor allem auf Reisen von Sträuchern, Bäumen und Stauden gerissen und landen dann auf dem Armaturenbrett, wo sie in glühender Sonne verkokeln und niemals lebend an das designierte Plätzchen in der Heimat gelangen.

In England ist dieses für die Gärten sehr schadhafte Hobby der Gartenbesucher so ausgeprägt, dass nicht nur regelmäßig ganze Gartenteile abgesperrt werden, die Engländer haben ihm sogar einen Namen gegeben: *Fingerblight* (Fingerfäule). Die Fingerfäule, also das Stehlen von Samenkapseln – meist unreif und damit unbrauchbar –, Stecklingen und anderem Pflanzenmaterial, ist eine sich immer weiter ausbreitende Krankheit. Niemand denkt daran, dass es die Gärtner sind, die ein ganzes Jahr auf diese Saat gewartet haben, um mit professionellem Können viele kleine Pflanzen zu ziehen. Und das soll jetzt hier auch einmal gesagt sein: NEIN, es ist nicht das gute Recht eines jeden, die Saat mitzunehmen! Auch nicht in der Natur, nur weil es davon angeblich so viel gibt. Das tut man nicht. Am besten, man fragt einfach, wenn man in einem Garten ist. Ich kenne keinen Gärtner, der nicht ein paar Samenkörner abgeben würde, wenn er davon reichlich hat. Ein wenig mehr Demut den Pflanzen und der Natur gegenüber wäre hier sehr angebracht.

Zufall

Im Garten ist der Zufall ein ständiger Begleiter. Da gibt es die lustigen Zufälle, etwa wenn man nach Wochen des Suchens die Gartenschere durch Zufall im Komposthaufen wiederfindet oder die erst kürzlich totgesagte Dahlie, die man vor Tagen in den Müll geworfen hat, wie durch ein Wunder rein zufällig im Nachbargarten erblüht. Letzteres fällt wohl auch unter die Rubrik grüner Daumen, aber darüber habe ich ja schon geschrieben.

Seit vielen Jahren darf ich an den unterschiedlichsten und oft schönsten Orten dieser Welt Gärten gestalten, und ich möchte gestehen, dass auch mir der Zufall ein unverzichtbarer Begleiter und sehr häufig ein guter Ratgeber war. Natürlich macht man eine Planung nicht mit vielen Lücken auf dem Papier, in denen überall »Zufall« steht. Nein, der Zufall schleicht sich vor allem später, nach der Ausführung, ein, bevorzugt in die Bepflanzung; es kann Jahre dauern, bis der Zufall einen Garten erreicht. Es ist dann meist die Natur, die dem Zufall die Hand reicht, indem sie die eine oder andere Pflanze an der gewollten Stelle verschwinden lässt, um sie dann, Monate später, an einer völlig neuen Stelle wiederauftauchen zu lassen. Manchmal durch Saat, manchmal durch Ausläufer, und nicht selten sieht es an der neuen Stelle viel schöner aus als an der geplanten. Das liegt natürlich daran, dass sich manche Pflanzen, wenn ihrer Natur freier Lauf gelassen wird, den favorisierten Wohnort selbst aussuchen; sie lassen sich nicht an einer einzigen Stelle halten. Zu den oft in Vergessenheit geratenen Favoriten meiner Pflanzungen gehört die Akelei und seit einigen Jahren auch das Eisenkraut. Manchmal sind sie über Jahre verschwunden und kreuzen dann urplötzlich wieder auf. Dazu zählen aber, wie wir alle wissen, leider auch jene Pflanzen, die wir unbedingt nicht haben wollen: das Unkraut, Beikraut oder, wie Wladimir Kaminer es liebevoll bezeichnet, die Spontanvegetation.

Es ist kein neues Phänomen, dass viele Gartenbesitzer, meist aus Faulheit, vielleicht doch besser Unwissenheit, gern die Gartenplanung dem Zufall überlassen. Mit anderen Worten: Sie freuen sich über alles, was reinfliegt, und graben es erst aus, wenn es überhandnimmt. Ist auch eine Methode – was soll ich sagen, ich mache mir darüber keinen allzu großen Kopf. Es sind häufig die Menschen, die auch viele andere Dinge dem Zufall überlassen, und da ich weiß, dass das bei vom Glück Verfolgten sogar klappen kann, werde ich mich hüten, ihnen zu sagen, wie sie ihr Leben schöner gestalten könnten, geschweige denn ihren Garten.

In unserem eigenen Garten in den Cotswolds habe ich aus reiner Unwissenheit kurz nach unserem Einzug eine ganz tolle, dunkelrote, traumhaft gefüllte Rose namens ›Charles de Mills‹ gepflanzt. Im zweiten Jahr freute ich mich, dass diese hübsche Rose unweit der Mutterpflanze einen neuen schönen Busch produzierte, im Jahr darauf gab es dann schon fünf. Ich möchte unseren Entschluss, nach Deutschland zurückzukommen, nicht gänzlich dieser Rose in die Schuhe schieben, kann aber mit gutem – oder besser gesagt schlechtem – Gewissen sagen, dass wir dieser Rose und ihren sehr tief wurzelnden Ablegern nicht mehr Herr wurden. Jedenfalls hat uns die Rose den Abschied von diesem schönen Garten viel leichter gemacht.

Trendpflanzen

Trendpflanzen sind für die grüne Branche ein Thema, das wohl Fluch und Segen in einem ist. Wie immer man sich das hindreht mit dem Trend und den Pflanzen, richtig hört es sich nie an. Kauft man sich wirklich eine Pflanze, weil sie gerade im Trend liegt, um sie dann, wenn sie nicht mehr trendy ist, zu verstoßen? Die Antwort ist ja und nein. Sehr, sehr viele Pflanzen werden gekauft, weil sie gerade angesagt sind, wie derzeit zum Beispiel viele altertümliche Hauspflanzen. Und sie werden alsbald in der Mülltonne landen – aber was kann ich tun, außer sie nicht zu verkaufen? Oder einen #savethehouseplant posten? Das wäre wahrscheinlich erfolgreicher. Oder nehmen wir Rosen mit Multitalentnamen wie ›Heidi Klum‹ oder ›Dame Judi Dench‹. Sie sind zwar häufig schon nach nur wenigen Jahren wieder gänzlich vom Markt verschwunden – oft weil sich die Züchtung über kurz oder lang als doch nicht so robust erwies, wie vom Züchter erhofft –, nur leider nicht aus unseren Gärten. Denn ganz gleich, wie trendy eine Pflanze einmal war, wenn sie nicht von allein den Geist aufgibt, hat man sie meist für immer, denn wer schmeißt schon eine lebende Pflanze weg, selbst wenn sie jahrelang mickert?

Wenn die Trendpflanze eine leicht zu pflegende Schönheit ist, macht es ja auch Spaß, sich so eine ins Beet oder den Garten zu holen, aber das ist nicht unbedingt die Norm. Meist sind es leider Pflanzen, die durch stetige Überzüchtung und Quälereien entstehen, wie es zum Beispiel bei vielen panaschierten Formen der Fall ist. Manchmal sind die gelb oder weiß panaschierten Blätter eine Laune der Natur und ganz zufällig entstanden. Bei

Tulpen und einigen anderen Pflanzen aber sorgen Viren dafür, dass die Blätter ihre grüne Farbe verlieren. Ein gutes Beispiel hierfür sind die Papageientulpen mit den verdrehten Blütenblättern. Auch Gentechnik und andere fiese Eingriffe sorgen oft für sehr unnatürliche Kreationen, leider auch in der Pflanzenwelt. Grundsätzlich kann man aber sagen, dass ein Großteil der Stauden und Gehölze noch immer durch Selektion entwickelt wird. Irgendjemand findet beispielsweise einen anders aussehenden Ast an einem Busch, schneidet ihn ab und vermehrt ihn. Das kann ein mühseliger Prozess sein und endet auch häufig, manchmal allerdings erst nach Jahren, in einem totalen Flop.

Aber manchmal spielt die Natur auch mit und hilft einem Züchter, ein Juwel zu finden, wie zum Beispiel das Geranium ›Rozanne‹ im Jahr 1989. Diese Staude entpuppte sich als eine von der Natur kreierte Hybride und wurde 2013 auf der Chelsea Flower Show in London als beste Pflanze des Jahrhunderts gekrönt. Es kommt in der Natur relativ häufig vor, dass sich nah verwandte Organismen aus Flora oder Fauna kreuzen, vor allem wenn die räumlichen Gegebenheiten dies zulassen. Solch eine natürlich entstandene Hybride wie die Rozanne kann ihren Erfinder sehr vermögend machen, denn er bekommt, wenn er die Pflanze lizensiert, also durch eine Lizenz geschützt hat, von jedem Verkauf etwas ab. Diese Staude blüht tatsächlich von Mai bis November, im milden Spätherbst sogar bis Dezember, und man braucht meist keine zwei Pflanzen pro Quadratmeter.

Viele Trendpflanzen der 50er-, 60er- und 70er-Jahre gewinnen gerade wieder an Popularität, und das nicht nur im Hauspflanzensektor. Erinnern Sie sich noch an die vielen bunten Astilben, auch Prachtspiere genannt? Das ist die Staude mit den gezerrten, zuckerwatteartigen Blüten in den knalligsten Farben wie Rot, Lila oder Pink, die in den Beeten unserer Nachbaren standen. Die Prachtspiere war in den 50er-Jahren der Hit, und nun feiert auch sie ein Comeback, zu meiner großen Erleichterung mit etwas gedämpfteren Farbtönen.

Farben und Formen – ganz gleich ob im Garten oder im Haus – haben für mich immer etwas mit Zeitgeist zu tun, und aus diesem Zeitgeist entwickelt sich dann fast automatisch ein Trend. Das ist für Modemacher und Innenarchitekten schön und lukrativ, im Garten sieht das allerdings ein wenig anders aus. Ich habe es ja schon erwähnt: Eine Pflanze wirft man nicht einfach weg, wenn sie ihren Teil zum Glück beigetragen hat; man kann sie auch nicht in den Keller verbannen und wieder hervorholen, wenn sich der Trend wendet, wie ich es seit vielen Jahren mit meiner Garderobe mache. Man sollte beim Pflanzenkauf mit ungewöhnlichen Trends daher vorsichtig umgehen, denn die Pflanzen stehen auch noch da, wenn sich die Mode längst weiterentwickelt hat. In der Gartenakademie versuchen wir, möglichst wenig mit Trendpflanzen zu arbeiten, dafür aber sehr gern mit neuen Züchtungen, die besser blühen, weniger krankheitsanfällig sind oder auch üppiger wachsen. Eine schöne Bepflanzung kann schließlich nicht auch noch viel Rücksicht auf den Zeitgeist nehmen. Es ist schon schwierig genug, eine Pflanzung so zu gestalten, dass sie ganzjährig ein Highlight ist.

Aber es gibt natürlich nicht nur Pflanzentrends, sondern vor allem auch Gestaltungstrends. Mit anderen Worten: Es gibt unterschiedliche Arten der Pflanzenzusammenstellung. Einer der momentan beliebtesten Pflanzstile ist die Präriepflanzung, die, wie der Name schon suggeriert, mit Pflanzen aus der Prärie gestaltet wird. Diese oft großflächig angelegten, wenig pflegeintensiven Pflanzungen eignen sich vor allem für großflächige Anlagen an trockenen Standorten. Für kleine Privatgärten ist dieser Trend weniger machbar.

Auch das englische Staudenbeet war jahrelang ein Renner, wurde dann aber – sogar in England – vom *German Style* abgelöst, was vorrangig damit zusammenhing, dass die traditionelle englische Rabatte nur in den Sommermonaten blühen sollte – also im Juni, Juli, in der Zeit der englischen Sommerferien. Der »Deutsche Stil«, wie ihn die Engländer nennen, ist ein bei uns sehr alter und lange schon verwendeter Pflanzstil, der beinhaltet, dass Beete nach den Standortbedürfnissen der Pflanzen gestaltet werden. Klingt auf den ersten Blick völlig logisch, und man fragt sich, wieso die Engländer das nicht schon immer so gehandhabt haben. Die Antwort ist einfach: Sie mussten es nicht, denn ihr Wetter und der doch recht gute Boden hat es ihnen bis vor Kurzem erlaubt, fast alle Pflanzen nur nach dem Gefühl zu pflanzen. Sie haben also in ihren berühmten Rabatten früher nur selten Rücksicht darauf genommen, ob eine Pflanze Schatten oder Sonne benötigt, Hauptsache, sie sah gut aus an ihrem Platz. Ganz nach dem Motto: Es ist ja häufig bewölkt, und Sonne ist auch nicht zu viel, und Regen fällt sowieso regelmäßig.

So jedenfalls dachte man bis vor einigen Jahren, doch nun gibt es neue Problematiken, die auch an dem heutigen Gärtner nicht vorbeigehen: das veränderte Klima. Seit etwa zehn Jahren haben die Engländer festgestellt, dass der ökologische Ansatz zur Pflanzenverwendung auch für ihr Klima geeignet ist, denn das ist bei Weitem nicht mehr so pflanzenfreundlich wie früher. Kältere Winter und heißere Sommer haben sogar dazu geführt, dass es auf der Insel manchmal bereits ab März ein Schlauchverbot gibt, es also ausdrücklich verboten ist, den Garten zu wässern, weil nicht mehr genügend Wasser vorhanden ist. Aus diesem Grund fliegen über London in den Sommermonaten oft Helikopter, um zu prüfen, ob es in irgendwelchen Gärten grünen Rasen gibt; dort flattert dann wenig später ein heftiger Strafzettel ein. Wahrscheinlich gibt es dann nur bei der Queen noch grünen Rasen, da traut sich bestimmt keiner zu filmen.

Ein weiterer Gestaltungstrend ist der schwarze Flusskiesel – doch dazu später mehr. Ich habe ihn schnell für mich abgehakt, weil er ohne Pflanzen auskommt. Natürlich sind da noch die Grillgärten; hier stehen dann mindesten zwei Weber-Grills auf einem schlecht aussehenden Rasen. Dann gibt es die »Ich möchte alles nur in Weiß«-Gärten – muss man mögen – und Grün-Gärten mit viel Efeu, Buxus (ups) und Rasen – davon muss man ebenfalls ein Fan sein. Ein echter Dauerbrenner ist der pflegeleichte Garten, doch darauf möchte ich erst später zurückkommen.

Aber mal im Ernst: Wer seinen Garten liebt, kann zwar hier und da auch mal eine Trendpflanze einschmuggeln, aber alles mit Trendpflanzen vollzustopfen ist absolut übertrieben, und es ergibt aus meiner Sicht auch kein schönes Bild. Aber ich bin, was das angeht, ja auch eher *old fashioned*. Allerdings haben mir meine jahrelangen Erfahrungen gezeigt, dass viele neue Sorten überzüchtete Hybriden sind, die sich schnell wieder aus der Pflanzenwelt verabschieden.

Der deutsche Balkon

Bis vor wenigen Jahren war ein Balkon ohne leuchtfarbene Pelargonien oder Petunien nicht auszudenken. Man hätte fast meinen können, es gebe eine Art abgesprochenen Ehrenkodex zwischen Balkonbesitzern, jedes, aber auch jedes Jahr die Balkonkästen in diesen aggressiven Rot- oder Pinktönen zu bepflanzen. Getoppt wurde das wohl nur von unseren österreichischen und Schweizer Nachbarn, wobei ich bei Letzteren manchmal sogar eine Pelargonienpolizei vermutet habe, weil es zum Beispiel um Zürich herum ganze Straßenzüge mit roten oder weißen Geranien gab, nicht aber gemischt. Es ist also kein rein deutsches Phänomen, dass Balkonbesitzer spätestens nach den Eisheiligen wie Heuschrecken über die Gartencenter herfallen, um Millionen von Pelargonien und Petunien zu kaufen, mit denen sie ihre Balkone vermeintlich aufhübschen. Na, wenn sie das hübsch finden, darf ich dann mal fragen, warum sie die Kästen nach außen, also für alle sichtbar, aufhängen und nicht nach innen, wo sie den vollen Genuss ganz für sich allein hätten? Sehen Sie, genau das empfinde ich als unfair und möchte jetzt und hier, an dieser Stelle um einen Gesetzesentwurf bitten, der dafür sorgt, dass solche öffentlichen Deformierungen untersagt werden. Graffiti ist ja auch verboten! Bei einem Bauernhaus in den Bergen kann ich das durchaus nachvollziehen, da ist es ja sozusagen ein Teil der Tracht, aber hier im Norden, Westen, Osten?

Übrigens hat sich diese Gattung damals unseren Volksgeist nicht nur wegen unserer Leidenschaft fürs Preis-Leistungs-Verhältnis erobert, sondern vor allem wegen der Tatsache, dass sowohl die Pelargonie als auch die Petunie einem Plagegeister wie Mücken, Fliegen und Bremsen vom Hals halten. Ideal für ländliche Regionen und Bauernhöfe, sag ich ja. Also gut, aber hier bei uns in der Stadt dann bitte nach innen! Und da die Insekten immer weniger werden, könnte man auch darauf verzichten und etwas Nettes pflanzen; es gibt sozusagen keine Ausrede mehr dafür.

Als Kind bin ich immer davon ausgegangen, dass meine Großmutter, die ansonsten keinen grünen Daumen hatte, ihre roten Pelargonien ausschließlich für mich gepflanzt hat, weil ich dann vom Spielplatz aus ihren Balkon in dem großen Häuserblock besser ausmachen konnte. Sie winkte mir nämlich von dort ab und an zu, um sicherzugehen, dass ich nicht von fremden Männern (Mitschnacker nannte man die damals) mitgenommen wurde. Von innen, also aus der Wohnung meiner Oma, waren die Blumen nämlich nicht zu sehen.

Der Trend auf dem Balkon geht heute zur Zweitgattung, um nicht zu sagen, es ist eigentlich alles erlaubt, was gefällt, und es geht mehr, als man denkt. Deshalb schlage ich vor, Sie nehmen im nächsten Jahr einfach allen Mut zusammen und kaufen mal was anderes, etwas, an dem man eine Entwicklung und Wachstum wahrnehmen kann. Ganz toll ist eine Mischung aus Einjährigen, Kräutern, Stauden und auch etwas zum Naschen wie Erdbeeren oder Tomaten; da gibt es mittlerweile Sorten, die ausschließlich für den Balkon gezüchtet wurden. Es ist möglich, auch einen Balkon erlebbar zu machen. Ich erzähle gern davon, dass der Balkon in Drittel aufgeteilt werden sollte: ein Drittel Gehölziges, das kann auch immergrün sein, muss aber nicht; ein Drittel Blühendes, meist Einjähriges und ein Drittel Kräuter und Naschpflanzen. Ich habe Freunde, die pflanzen jedes Jahr zwei oder drei Kapuzinerkressen auf den Balkon, und bis zum Herbst haben diese kleinen, zarten Wesen es geschafft, nicht nur ihre Brüstung zu verkleiden, sondern auch die der drei Stockwerke unter ihnen. Und ganz nebenbei kann man die Kapuzinerkresse auch noch essen: Blüte, Blatt und Samen.

Bei der momentanen Insektenunterbevölkerung überlasse ich es gern Ihnen, ob Sie sich den Balkon mit insektenfreundlichen oder -unfreundlichen Pflanzen bestücken, nur bitte weniger Pelargonien. Übrigens ist die Prachtkerze eine grandios pflegeleichte Balkonpflanze, die es einem auch nicht übel nimmt, wenn man sie mal eine Woche lang nicht gießt. Eine ganz tolle, nicht so hochwachsende neue Sorte von der Chelsea Flower Show in London, die mir dieses Jahr besonders ins Auge gefallen ist, heißt Gaura ›Chiffon‹. Sie ist nicht so steif wie die kleinen, für den Balkon geeigneten Prachtkerzen, die es derzeit auf dem Markt gibt, und sie bewegt sich schon bei ganz leichtem Wind sehr elegant.

Einheimische Stauden sind bei der Insektenfreundlichkeit auch ganz vorne dabei, nur sind sie leider oft nur für kurze Zeit ein Hingucker. Auch traumhafte neue Clematis-Sorten sind mittlerweile für den Balkon zu haben, die nicht so gigantisch hoch werden und den Nachbarbalkon mit in Beschlag nehmen, obwohl ich solche Gemeinschaftsprojekte eigentlich ganz schön finde. Sprechen Sie doch ruhig mal mit Ihrem Nachbarn, vielleicht freut der sich. An unseren Balkonstützen wuchert jedenfalls seit drei Jahren eine *Clematis montana*, die binnen kürzester Zeit bereits das vierte Stockwerk eroberte, und bis jetzt hat sich niemand beschwert.

Für mich ist wichtig, dass sich nicht nur der Garten jahreszeitlich verändert, sondern auch der Balkon, denn das ist gut für die Natur und die menschliche Seele. Und noch etwas sollte auch der Balkon in der Lage sein zu verschaffen: Spaß. Wenn Balkon oder Garten keinen Spaß machen und Sie ihn nicht genießen, lassen Sie es lieber ganz bleiben, anstatt etwas Scheußliches zu pflanzen, nur damit die Nachbarn zufrieden sind und denken: Ah, da wohnt ein anständiger Mensch. Was muss man noch mal pflanzen, um seinen Anstand zu beweisen? Ach ja, Pelargonien. Da passt einer meiner Lieblingssätze perfekt: »Wenn man mit Geld, das man nicht hat, Dinge kauft, die man nicht braucht, um Menschen zu beeindrucken, die man nicht mag, dann macht man definitiv etwas falsch.« Also, lassen Sie es bleiben.

Herbst: September bis Anfang November – Allerseelen oder für die Agnostiker: kurz nach Halloween

Wenn die Chrysanthemen im Garten blühen – so Sie denn welche haben –, hat auch schon der Gärtnerherbst begonnen. Kalendarisch fängt der Herbst zwar erst um den 22. September an, aber für den Gärtner und den Meteorologen geht er schon am 1. September los.

Erst ganz langsam und dann immer sichtbarer – etwa bis Anfang Oktober – beginnt sich die Natur auf den heranschnellenden Winter vorzubereiten. Doch der Herbst kann sich, wenn das Wetter launisch ist und Regen, Wärme und Kälte sich über Wochen abwechseln, monatelang, ja bis in den Dezember hinziehen. Aus diesem Grund spricht der Gärtner im Dezember auch noch nicht von Winter, sondern vom Spätherbst.

Aber zurück zum Herbst. Er ist nicht nur der feurige Abschied der Natur von einem aufregenden Jahr, sondern er bereitet auch die menschliche Seele sehr einfühlsam auf den kommenden trüben Winter vor. Deshalb halte ich es für so wichtig, der Natur endlich mehr Aufmerksamkeit zu widmen. Ich würde mir wünschen, dass wir das Laub nicht länger als Feindbild betrachten, sondern uns vor

Augen führen, über wie viele Monate es in der Lage ist, uns diesen sagenhaften Farbenreichtum zu präsentieren, der unsere Seele auf Abschied stimmt. Jenes Laub, das uns den ganzen Sommer über die Luft gereinigt und das Atmen ermöglicht hat – vor allem in den Städten –, und wie wichtig dieses Laub auch für die Erde und somit unser Leben ist.

Das Wunder der Herbstfärbung entsteht aus der sich langsam zurückziehenden Sonne. In den Sommermonaten sind die Tage lang genug, um den Blättern zu ermöglichen, mit Hilfe der Sonne und der Chemikalie Chlorophyll Energie und Nährstoffe zu produzieren. Verringert sich die Menge des Sonnenlichtes, reduziert sich das Chlorophyll, die grünen Pigmente sterben ab, und andere Farben wie Rot, Orange und Gelb nehmen ihren Platz ein.

Doch zurück zum philosophischen Gedanken und warum ich glaube, dass der Herbst für unsere Psyche wichtig ist. Anders als in tropischen Regionen – also entlang des Äquators, wo es keine Herbstfärbung gibt, weil die Sonne dort immer gleich lang im Zenit steht oder vielmehr kreist – ist für uns der Übergang zum Winter ein sehr emotionales Erlebnis. Der Herbst ist die Pufferzone zwischen unseren zwei extremsten Jahreszeiten: dem Sommer mit der Sommerhitze und dem Winter mit seiner Eiseskälte; und ich bin mir ziemlich sicher, dass ich den Winter ohne den Herbst nicht ertragen könnte, schon gar nicht in Berlin.

Als ich klein war, hat mir mein Großvater regelmäßig im Spätherbst sein Lieblingsgedicht über den Herbst vorgetragen, es war natürlich von Heinz Erhardt, und man vergebe mir, den Beginn doch noch mal für die Laubhasser und anderen Gartenfreunde vorzutragen. Es heißt allerdings »Winter«.

Wenn Blätter von den Bäumen stürzen,
die Tage täglich sich verkürzen,
wenn Amseln, Drosseln, Fink und Meisen
die Koffer packen und verreisen,
wenn all die Maden, Motten, Mücken,
die wir vergaßen zu zerdrücken,
von selber sterben – so glaubt mir:
Es steht der Winter vor der Tür!

Ganz offensichtlich war Heinz Erhardt kein Ornithologe, denn alle von ihm aufgezählten Vögel bleiben über den Winter bei uns; aber mit Schwalben hätte es sich wohl nicht gereimt.

Während ich diese Zeilen schreibe, sitze ich in einem Garten in Brüssel, an einem sehr warmen, stillen Oktobertag – es sollen 26 Grad werden – und schaue in ein phänomenales Farbenmeer. Denn auch für jene, die das Herbstlaub mögen, sei an dieser Stelle gesagt, dass durchaus nicht jede Pflanze willig ist, sich in Schönheit von ihrem Laub zu trennen. Die deutsche Eiche, die Kastanie und viele Obstbäume beispielsweise neigen nicht gerade dazu, jedes Jahr hübsch das Laub zu verabschieden, es bedarf schon besonderer Umstände, damit sie zeigen, was sie können. Das liegt aber durchaus nicht an den Pflanzen, sondern an den Temperaturen: Ist das Herbstwetter zu heiß oder zu kalt, verfärben sich die Blätter nur wenig. Am besten sind warme, sonnige Tage und kühle Nächte für zuverlässige Färbung.

Wer es gerne bunt mag, kann natürlich vorbeugen, indem er Pflanzen setzt, die sich verlässlicher verfärben als andere. Da wären zuerst einmal unter den Sträuchern viele Pfaffenhütchen (*Euonymus alatus* und *Euonymus europaeus*), alle laubabwerfenden Azaleen sowie die Prachtglocke, die sehr pflichtbewusste Kupfer-Felsenbirne sowie ganz viele japanische Ahorne, wobei *Acer aconitifolium* und *Acer palmatum* unbedingt hervorzuheben sind. Ich habe an der Gartenakademie vor zehn Jahren einen *Acer palmatum* gepflanzt, der nun eine Höhe von 3,50 bis 4 Meter hat und von Oktober bis Dezember jedes Jahr ein Leuchtfeuerwerk produziert. Bei Bäumen sollte man sich für eine bevorzugte Farbe entscheiden, wenn kein Platz für mehrere Bäume ist. Da gibt es vorwiegend gelbfärbende wie Ginkgo (*Ginkgo biloba)* oder den Japanischen Kuchenbaum (*Cercidiphyllum japonicum)*, der im Herbst nach Karamell duftet, den Tulpenbaum (*Liriodendron tulipifera*) und natürlich die Kaiser-Linde (*Tilia europaea*, ›Pallida‹). Wer eher Rot oder Orange präferiert, also so eine Art Indian Summer, der sollte sich den Amberbaum (*Liquidambar styraciflua*) oder den Eisenholzbaum (*Parrotia persica*) näher ansehen, aber auch viele schön blühende Zierkirschen bieten durchaus eine zwar kurze, aber doch atemberaubende Herbstfärbung. Mein Favorit ist dabei die Winterblühende Kirsche (*Prunus subhirtella* ›Autumnalis‹), die sowohl im Winter blüht als auch eine grandiose Herbstfärbung zu bieten hat.

Für mich ist der Herbst eine Art Naturfeuerwerk, mit dem sich das Gartenjahr verabschiedet und in den wohlverdienten alljährlichen Ruhestand begibt. Früher, als ich meinen Lebensunterhalt noch als Gärtnerin verdient habe, markierte der Herbst dann auch den Anfang einer ruhigeren, gelassenen Jahreszeit, in der ich abends mit der Amsel zusammen ins Haus gehen konnte, ohne ein schlechtes Gewissen den Pflanzen und dem Garten gegenüber, und dann morgens auch erst später losmusste. Herbst und Winter waren die Kompensation für die ewig langen Tage des Sommers, an denen die Pflanzen von frühmorgens bis spätabends um Aufmerksamkeit buhlen. Heute habe ich mich jenem Großteil der Menschheit angeschlossen, die völlig antizyklisch leben. Ich stehe nun meist zum Greuel meiner inneren Uhr in tiefster Dunkelheit auf und gehe in tiefster Dunkelheit wieder nach Hause, und zwischendrin versuche ich, in den wenigen mit Tageslicht beleuchteten Stunden meinen Alltag zu bewältigen. Und wenn ich ehrlich bin, sehne ich mich nach der Zeit als Gärtnerin zurück oder einfach nur danach, den Mut zu haben, meinem Instinkt zu folgen. Denn wie heißt es so schön in Goethes Nachlass »Über Natur und Naturwissenschaft«: »Die Sinne trügen nicht, das Urteil trügt.«

Da ich sozusagen Tür an Tür mit einer großen Gruppe Sperlinge lebe, erfahre ich jeden Tag, wie viel sinnvoller es wäre, so zu leben wie sie. Im Winter, wenn ich so gegen 6 Uhr aufwache, sind sie noch bis mindestens 7.30 Uhr im Tiefschlaf, also genau so lange, bis es draußen hell wird; ich weiß das, weil sie ihr Erwachen jeden Morgen mit unglaublichem Krach verkünden. Abends, wenn ich nach Hause komme, sind sie schon lange im Bett. Nur an den Wochenenden kann ich sehen, dass sie bereits um 15 Uhr ihr Tagewerk beenden und zurückkommen – zwar nicht ganz so laut wie am Morgen, aber immerhin. Im Sommer ist es dann umgekehrt, da stehen sie lange vor mir auf und gehen zusammen mit mir zu Bett, nur etwas lauter natürlich.

Für den Gärtner ist der Herbst aber vor allem die Zeit zum Pflanzen, da der Boden noch leichte Wärme vom Sommer trägt und sich gerade die Stauden freuen, wenn sie ihre Wurzeln noch unter eine warme »Beetdecke« stecken können. Zwischen Herbst und Spätherbst gilt das natürlich auch für Gehölze. Sie genießen es, in die Erde zu kommen, sobald sie ihr Laubkleid abgeworfen haben.

Mittlerweile ist es schwieriger, die Menschen davon zu überzeugen, dass diese Weisheit nicht aus der Mode gekommen ist, denn schließlich gibt es heute alle Pflanzen auch ganzjährig zu kaufen. Das ist zwar richtig, doch nehmen sehr viele Pflanzen es einem ziemlich übel, wenn sie im Sommer in ausgetrocknete Erde gesteckt werden. Ich verstehe das Dilemma: Auf der einen Seite ist es sinnvoll, eine Pflanze zu kaufen, wenn sie blüht, weil man dann sichergehen kann, dass es auch die Pflanze ist, die man haben möchte, auf der anderen Seite ist das nicht unbedingt die beste Zeit zum Pflanzen. Es ist ein Teufelskreis, aber trotzdem gilt: Bäume und Sträucher sind wie wir Menschen. Sie sind glücklicher, wenn sie ohne Garderobe ins Bett gehen, also entlaubt in die Erde kommen.

Stauden, jene krautigen, im Winter einziehenden Gesellen, von denen ich gar nicht genug bekommen kann, haben kein Problem damit, im Herbst gepflanzt zu werden, und doch empfehle ich gerne, die etwas eitlen Arten erst im Frühjahr in die Erde zu bringen. Letztere genießen es und sind dankbar, eine ganze Wachstumsperiode im neuen Zuhause wohnen zu dürfen, bevor der erste Winter am neuen Standort sie auf Standfestigkeit und Winterhärte prüft. Zu diesen koketten Kreaturen würde ich auch fast alle Gräser zählen, denn sie mögen den kalten, meist nassen Winterboden überhaupt nicht, wenn sie gerade erst aus einem kleinen, schützenden Topf kommen. Ganz besonders empfindlich sind natürlich die, die ich am meisten mag: die Stipa-Sorten (Federgras) wie *Stipa gigantea*, *Stipa barbata* und *Stipa tenuissima*. Wer also Schwierigkeiten mit Gräsern hat, sollte eine Frühjahrspflanzung probieren. Das Gleiche gilt für Stauden wie die *Agastache* ›Black Adder‹ (Duftnessel), *Gaura* (Prachtkerze), *Verbena bonariensis* (Eisenkraut) und *Erysimum* ›Bowles

Mauve‹ (Schöterich), um nur einige wenige zu nennen. Eigentlich all jene mit Migrationshintergrund, die nicht wirklich freiwillig aus ihren wärmeren Herkunftsländern zu uns gekommen sind.

Übrigens, da fällt mir ein, dass der Äquator doch ein prima Aufenthaltsort für Laubhasser wäre, da gibt es nur immergrüne Bäume, deren Laub zwar ganzjährig herunterfällt, aber nicht alles auf einmal in größeren Mengen.

Oder natürlich die Wüste.

Selbstständigkeit

Als ich mich 1992 mit meinem ersten richtigen Gestaltungsbüro, dem Büro Landart, in den wunderschönen Cotswolds selbstständig machte, war dies fast ausschließlich der Tatsache geschuldet, dass es in England schon sehr früh Internet in den abgelegensten Regionen gab. Das bedeutete nicht nur, dass man endlich aus der unbezahlbaren Großstadt London aussteigen, sondern auch – wie in meinem Fall – in ein winziges zauberhaftes Dorf vom National Trust ziehen konnte. Welch ein Segen! Das ist ja in Deutschland leider bis heute nicht der Fall, was aus meiner Sicht eine Katastrophe ist, hält es doch viele junge Menschen davon ab, zurück aufs Land zu ziehen.

In kürzester Zeit gelang es mir, sogar dort draußen ein paar Mitarbeiter zu finden, die mir halfen, die kleine Firma in Windeseile zu einem netten Unternehmen zu machen, das bald schon eine neue Unterkunft brauchte. 1995 renovierte ich also zusammen mit einigen National-Trust-Angestellten eine traumhafte alte Scheune aus der Mitte des 19. Jahrhunderts. Mit einer Deckenhöhe von sechs Metern war ich mehr als glücklich darüber, dass es in England keine kalten Winter gibt und es im Sommer nicht allzu heiß wird. Allerdings brachte der Sommer eine ganz andere Herausforderung, die sich dann jedes Jahr ab April unter unserem Dach einfand: die Schwalben. Kaum aus Afrika angekommen, flogen sie liebend gern durch unsere offene Bürotür ein und aus, als sei hier ihr Zuhause. Am alten Türpfosten meiner neu erworbenen Scheune sollte sich dies auch bald bestätigen, denn dort hatten schon viele vormalige Besitzer akribisch jedes Jahr das Ankunftsdatum der Schwalben verewigt. Es war also ein Ritual, das es um jeden Preis weiterzuführen galt. Wir haben uns deshalb mit den Schwalben arrangiert und die Schwalben sich mit uns, und alle Pläne aus den Jahren 1995 bis 2005 tragen ein unverkennbares Schwalbenemblem: den Schwalbenschiss.

Und manchmal, wenn ich alte Pläne mit jenem Emblem herauskrame, überfallen mich kaum zu bändigende nostalgische Gedanken an die friedvollen Jahre am Ende der Welt, in diesem Hundertachtzig-Seelen-Dorf. Friedvoll, weil alles so perfekt erschien: die schöne Landschaft, die netten Menschen, die hübsche Bebauung, hohe Buxushecken, keine Straßenlaternen, ja nicht einmal Antennen oder Satellitenschüsseln waren erlaubt und überhaupt das ganze Drumherum und ein Aga. Das muss hier kurz erklärt werden: Ein Aga ist ein Herd, der nicht den Kleinwagen ersetzt, durchaus aber so viel wiegt. Solch einen Herd braucht man in England auf dem Land einfach, weil er das Lebensgefühl vervollständigt. Ökologisch natürlich ein Albtraum, aber wann waren schöne Dinge je ökologisch?

Ende der 90er-Jahre war eine Zeit, in der ich weniger Projekte in England hatte als in Deutschland. Das lag zum einen an der Rezession, die damals in England begann, und zum anderen an dem Boom durch die Wende in Deutschland. In diesen Jahren habe ich einen recht bösen Satz formuliert, der mir noch häufiger vorgehalten werden sollte. Denn auf die Frage, worin der Unterschied zwischen einem deutschen und einem englischen Bauherrn bestünde, war meine Antwort: »Der Engländer kennt den Namen der Pflanze und der Deutsche ihren Preis.« Es kristallisierte sich nämlich sehr schnell heraus, dass es einen ganz markanten Unterschied zwischen meinen englischen und meinen deutschen Auftraggebern gab. Kaum war ein Garten fertig und der Bauherr betrat die Terrasse, um das Objekt zu begutachten, konnte der Engländer ohne jede Schwierigkeit viele Pflanzen beim Namen erkennen, wohingegen sich der Deutsche nur noch an den Preis der großen Einzelstücke erinnerte. Ich sollte an dieser Stelle natürlich sofort ein Lob für die großartige Entwicklung der Gartenkultur in Deutschland aussprechen und behaupten, dass sich das in den letzten Jahren sehr gewandelt hat – stimmt aber leider nicht. Schon richtig, dass sich die grüne Branche auch hier ein besseres Image erarbeitet hat und dass viele Menschen beginnen, hier und da auch etwas für die Umwelt und für ihren Garten zu tun. Aber wenn ich sehe, wie abfällig die meisten Gartenbesitzer hierzulande leider immer noch auf ihre schönen Baumbestände schauen, und zwar wegen des Laubes, dann frage ich mich sehr häufig, was wohl noch alles passieren muss, bis wir endlich die großen Zusammenhänge der Dinge und unseres Tuns erkennen. Womit wir bei einem meiner Lieblingsthemen wären: Alle wollen im Grünen wohnen – und keiner will die Bäume haben.

Das ist ein Phänomen, das man mir immer wieder erklären muss. Fast jede Woche darf ich in meinem schönen

Beruf an irgendwelche traumhaften Orte fahren, wo ich hinter hohen Hecken oder Mauern wunderschön bewaldete Grundstücke ansehe, um vielleicht – wenn der Preis stimmt – daraus einen Garten machen zu dürfen. Die Begrüßung der Bauherren ist meist begleitet von euphorischen Liebeserklärungen an den schönen Baumbestand und die traumhafte Lage oder beides. Ich werde bei dieser Begehung motiviert, mich an der Freude über die Bäume und die Lage zu beteiligen – das tue ich natürlich sehr gerne. Allerdings dauert dieser Lobgesang auf die Natur nur selten länger als die ersten zehn Minuten, dann verdunkeln sich Ton und Stimmung. Man wolle nun mal ernsthaft und gemeinsam mit mir überlegen, welche Bäume denn nun gefällt werden sollten. Ich bin dann jedes Mal sprachlos. Wieder einmal bin ich gerufen worden, um beim Morden von vielen alten Bäumen zu helfen, die bis eben noch Teil des kürzlich erstandenen Glücks waren.

Ich versuche, die Stimmung nicht kippen zu lassen, und fange zaghaft an, nach den Gründen zu fragen, denn ich sehe gar keinen Grund, warum eine Neugestaltung nicht auch um die Bäume herum funktionieren könnte. Na, da sind sich dann sogar Ehepaare plötzlich ganz einig: Also zunächst mal gebe es ja sowieso schon unglaublich viele Bäume in der ganzen Gegend, ich bräuchte ja nur mal rüber zu den Nachbargärten zu schauen, da könne ich ja als Fachfrau gleich sehen, wie viel da bliebe, wenn man nur in diesem Garten ein paar herausnehme. Das sei aber erst der Anfang des Problems, denn man könne ja sehen – selbst ohne vom Fach zu sein –, dass hier im Frühjahr, wenn die Sonne tiefer steht, kaum Sonne bis zur Terrasse komme, und außerdem habe man fast von nirgendwo mehr einen freien Blick auf den See.

Spätestens jetzt bin ich dankbar, dass es schon ein Haus gibt, denn sonst könnte man ja auch einfach alle Bäume fällen und dann schauen, wo man sich noch über Schatten freuen würde. Egal, wir kommen zum Höhepunkt des Themas »schöne Bäume und Fachwissen«, denn zum Ende der Erklärungen werde ich gefragt, ob ich auch nur eine Idee von der Menge an Laub hätte, die diese Bäume produzieren?! Einige Grundstücksbesitzer können mir nicht nur vorrechnen, wie viele Müllsäcke mit Laub sie schon befüllt haben, nein, sie können mir auch genau sagen, was es kostet, diese Säcke zu entsorgen. Manche von ihnen – meistens jene, die mir vorab vorgerechnet haben, was für eine unerwartet hohe Wertsteigerung ihr Grundstück in den letzten Jahren erreicht hat – fahren ihre Laubsäcke auch gern bei Dunkelheit in den Wald, um das Laub dort auszusetzen.

Spannend, oder? Es gibt mittlerweile innerstädtische Regionen, die haben gar keinen Oberboden mehr, weil alles weggeharkt und weggeblasen und abgeholt und weggefahren wurde, und ich fürchte, wir werden uns bald, wenn wir alle Bäume gefällt haben, danach sehnen, dass jemand seinen Sack Laub bei uns aussetzt. Auch wenn ich mich an diesem Punkt ausgesprochen unbeliebt mache, würde ich doch gern noch einmal ganz kurz daran erinnern, dass wir jeden einzelnen Atemzug, den wir ohne Gasmaske in unseren Städten machen, nur und ausschließlich den Bäumen und ihren Blättern zu verdanken haben.

Schon für Heinz Erhardt war Laub nur in Form von Urlaub erträglich: »Und an den Bäumen, Blatt für Blatt, hängt Urlaub, schön, dass man ihn hat.« Aber mal ehrlich, wieso eigentlich hat sich bei uns diese Anti-Laub-Manie entwickelt? Man möchte im Herbst glauben, es sei der Staatsfeind Nr. 1. Für fast keine Tätigkeit gibt es auf

Deutschlands Straßen größere Einsatzfahrzeuge als für die Laubentfernung – doch, für die Schneebeseitigung, das stimmt. Auf den Straßen sehe ich das ja noch ein, aber vor allem in den Privatgärten ist es nicht sehr hilfreich für den Garten, wenn man die ganze gesammelte Energie, die die Bäume aus dem Boden gezogen haben, entsorgt. Wenigstens machen die Stadtgärtner aus dem gesammelten Laub wertvollen Kompost. Den übrigens können Sie dort auch sehr günstig erstehen und in selbst mitgebrachte Säcke abfüllen, oder Sie lassen sich gleich einen ganzen Laster kommen. Denn eines ist klar: ohne Humus kein Bodenleben, ohne Bodenleben keine gesunden Pflanzen, ohne Pflanzen – Sie wissen schon. Nennt sich natürlicher Kreislauf und findet alljährlich statt. Das Wort »Humus« kommt aus dem Lateinischen und heißt tatsächlich »Erde«. Und genau dieser Humus hat sich über Jahrhunderte in unseren Gärten gebildet, nämlich durch die ständigen Aktivitäten der Bodenorganismen. Ihre stete Umsetzung der organischen Materialien – wozu auch das Herbstlaub gehört – in gesunden, stabilen Humus hat sehr lange Zeit dazu beigetragen, dass unsere Gärten und Landschaften gesunde Pflanzen hervorbrachten.

Früher war es ganz normal, die anfallenden Gartenabfälle wie Laub, kleine Äste und Krautiges selbst zu kompostieren und den daraus entstandenen Humus der Erde wieder zu schenken. Ich benutze das Wort »schenken« ganz bewusst, denn die kleinen Organismen, die in einem gesunden Boden zu Tausenden leben, danken einem jedes nicht geharkte Laubblatt mit irrwitziger Lebenslust: Sie produzieren Humus an Ort und Stelle. Wenn man aber all die im Herbst leergeharkten Gärten betrachtet, dann ist die Hungersnot der Mikroorganismen schier sichtbar. Es ist ein wenig wie in der Wüste, dort ist im Großen und

Ganzen Ähnliches geschehen. Nein, natürlich wurde dort nicht übermäßig viel Laub geharkt, aber die Bäume wurden vor langer, langer Zeit einfach entfernt, bis alles Übrige auch nicht mehr genügend Halt hatte. Denn Wüsten entstehen nun mal dort, wo Bäume weichen müssen, ganz gleich ob aus der Not heraus – wie in Afrika – oder nur wegen unserer Einfältigkeit, weil wir Laub eben für blöd halten.

Erst neulich hat sich doch tatsächlich ein kleingeistiger Mercedesfahrer über eine wiederholt erschienene Kolumne von mir echauffiert, weil ich die ach so schöne Verfärbung der Lindenalleen in unserer Stadt anpries und pragmatisch vorschlug, dass man zu dieser Zeit einfach sein Auto einmal mehr in die Waschanlage fahren solle. Den genauen Wortlaut der Beschwerde weiß ich nicht mehr, aber dem Herrn war auf jeden Fall sein Auto wichtiger als die Natur. Diesem Phänomen begegne ich immer häufiger, allerdings nicht bei der jungen Generation, sondern bei den Älteren, der Autowaschgeneration, jenen, die das Motto »Vorsprung durch Technik« ins Leben gerufen haben, damals, als es noch viel Erde gab.

Also Sie sehen, da ist mit mir nicht zu spaßen, denn für mich ist die Herbstfärbung ein wichtiger Bestandteil des Lebens und mein Leitmotto für einen schönen Garten, denn der Garten hat für mich die Aufgabe, die Seele durch das Jahr zu tragen, und nicht nur die menschliche.

Übrigens, Blätter haben die Fähigkeit, recht nützlich zu sein, bevor sie sich in fallendes Laub verwandeln – darauf möchte ich noch einmal hinweisen. Was viele nicht wissen: Sie sind der Vorläufer der Solarpaneele auf unseren Dächern, nur dass sie in dem Prozess der Energiegewinnung nicht nur Kohlenstoff in Sauerstoff verwandeln können, sondern, im Gegensatz zu uns Menschen, auch noch in der Lage sind, die entstandene Energie zu speichern. Wie sie das machen? Nun, der Prozess nennt sich Fotosynthese, und die daraus entstandene Energie, also die Glukose und den Zucker, speichert der Baum und dankt es mit Zuwachs. Und natürlich auch mit mehr Laub.

Vom Kompost und seinen Mitarbeitern

Da nun selbst in der *Zeit* zu lesen war, dass sogar Hipster Pilzesuchen im Wald für cool befinden und Selfies mit Fliegenpilz posten, will ich versuchen, eine Bresche für den Kompost zu schlagen. Das ist der Moment, auf den ich mit meinem Faible für organische Gartenabfälle gewartet habe: ein Selfie am Kompostsieb mit Millionen von unsichtbaren Mitarbeitern machen. Es erinnert mich an meine Zeit in der Berufsschule bei den Gärtnern, wo über Friedhofsgärtner gewitzelt wurde, dass die ja schon im ersten Ausbildungsjahr Hunderte unter sich hätten. Und so ähnlich ist es auch bei jedem, der im Garten arbeitet. Er hat Tausende, ja Millionen unter sich: die Mikroorganismen. Ohne sie und die Pilze natürlich geht in der Welt nichts; wir nehmen sie nicht wahr, wir kennen sie nicht, und doch baut alles auf ihnen auf.

Es ist schon traurig, dass wir für viele Dinge in der Natur erst ein Interesse entwickeln, wenn es sie nicht mehr gibt. Seit einiger Zeit sorgen die Bienen in der Öffentlichkeit für Furore. Allerdings waren die ersten krassen Anzeichen ihrer Vernichtung bereits vor über 55 Jahren in den Headlines der Zeitungen zu finden. Wo waren denn die Menschen seitdem? Wir waren wohl hauptsächlich mit uns selbst beschäftigt und mit dem Fortschrittsglauben, und kaum sind wir aufgewacht, wissen wir gleich, was die jungen Menschen besser machen sollten. Kümmert euch doch endlich mal um die Natur, die Bienen, Insekten, die Pilze und natürlich den Kompost! Aber bevor Letzterer sein schlechtes Image als hässlicher, stinkender Haufen ablegen kann, müssen mehr Haushalte von seinem Nutzen überzeugt werden.

Es gibt drei Denkweisen über Kompost: Die erste findet man bei Menschen, die nicht einmal mit dem Wort etwas anfangen können und denen die Idee, organische Reste aus dem Alltag in einer Tonne oder gar einer Ecke des Gartens zu entsorgen, außerirdisch vorkommt. Der zweiten hängen Menschen an, die von dem Phänomen Kompost wissen, sich aber schlichtweg weigern, etwas aus Garten oder Haushalt dort hineinzuwerfen, denn es könnte ja stinken, und mit Gestank kommen die Ratten. Die dritte Denkschule hat es begriffen und sieht sich in der Lage, sowohl die grüne Tonne als auch den Komposthaufen als ein Lebenserneuerungsprojekt in ihr Leben zu integrieren; sie gehört aber noch einer Minderheit an, jedenfalls in den Städten. Übrigens, wer den Kompost vegetarisch hält, hat wenig Geruch und keine Ratten – wichtig: keine gekochten, fettigen, fischigen oder fleischlichen Abfälle auf den Kompost!

Es ist ziemlich einfach, die Sache mit dem Kompost und den Mitarbeitern. Wenn wir nicht die schreckliche Angewohnheit hätten, alles, aber auch alles zusammenzuharken und zusammenzufegen, bräuchten wir keine Komposthaufen. Haben wir aber. Ergo brauchen wir Orte, an denen wir aus unseren organischen Abfällen mit Hilfe Millionen kleiner Mikroorganismen – die gibt's umsonst – Erde produzieren, auf und vor allem von der wir dann leben können. Obwohl alle Menschen glauben, dass die Erde uns trägt und ernährt, wissen nur die wenigsten, wie klein davon die Humusschicht ist, die uns versorgt, und dass aus Kompost Humus wird, ist dabei ganz wichtig zu verstehen.

Hier eine Verbildlichung der uns ernährenden Erdkruste, um zu begreifen, wie bedeutsam es ist, sie zu erhalten.

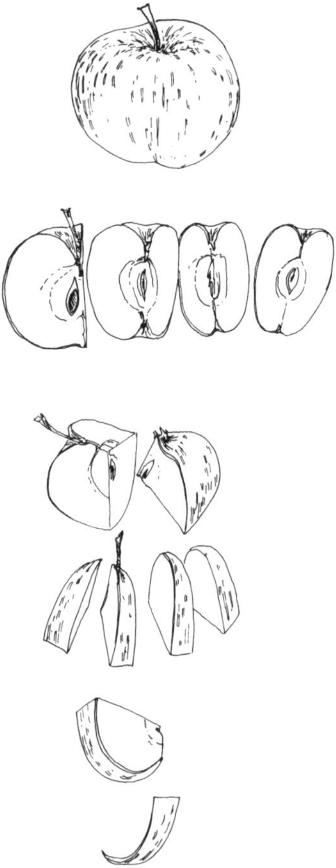

Nehmen Sie einen Apfel als Weltkugel:

1. Schneiden Sie den Apfel in Viertel; eines davon repräsentiert die Landmasse, die übrigen drei das Wasser.
2. Halbieren Sie das Landsegment; eine der beiden Hälften dieses Viertels repräsentiert Gebirge, Wüsten und Eisberge.
3. Teilen Sie die andere Hälfte der Landmasse, also ein Achtel des Apfels, in vier gleich große Scheiben; drei davon repräsentieren Gestein, nasse Regionen, unfruchtbaren Boden, Straßen und Städte.
4. Übrig bleibt lediglich eine schmale Scheibes des Apfels, ein Zweiunddreißigstel.
5. Schneiden Sie nun die Schale dieses dünnen Apfelstücks ab; sie ist repräsentativ für die gesamte Menge an Oberboden, die die Welt ernährt.

Es ist also nicht egal, was mit unserem Laub, Rasenschnitt und anderen Grünzeug passiert, denn jedes Blatt auf unserem Kompost leistet einen wichtigen Beitrag zum Erhalt des Lebens eines jeden Einzelnen von uns.

Zersetzt wird all das Grünzeug über Monate und Monate von den Mikroorganismen, auch Mikroben genannt, die mit dem bloßen Auge nicht zu erkennen sind. Zu ihnen gehören Bakterien, Pilze und Algen. Während wir schlafen, erzeugen sie zusammen mit Würmern, Maden und anderem Kleintier die Basis für unser Leben. Toll, oder? Wer also einen gesunden Garten haben möchte, sollte seine Grünabfälle unbedingt kompostieren und dann die fertige Erde – es dauert ein, zwei Jahre, bis man die hat – auf die Beete verteilen. Je kleiner das Grünzeug, das auf den Kompost soll, geschnippelt wird, desto schneller ist der Kompost reif. Für dicke, lange Äste und Gestrüpp brauchen die kleinen Mitarbeiter wesentlich länger als für Gehäckseltes, da sie keine Zähne haben. Ist ein bisschen wie bei uns: Hackfleisch ist für Menschen ohne Zähne einfacher zu essen als ein Steak. Oder für Vegetarier: Ein Smoothie ist einfacher als eine ganze Rübe. Wie uns geht es auch der Natur: Je gröber das Zeug auf den Kompost geschmissen wird, umso länger braucht die Umwandlung zu Humus und desto ungeduldiger wird der Kompostierer.

Je mehr Kompost wir auf unsere völlig ausgemergelten Gartenbeete tun, umso schneller wird der Boden gesund, denn sein Nahrungsmittel ist Kompost, egal ob zersetzte oder halbzersetzte organische Substanzen, die dann wiederum für ein gesundes Pflanzenwachstum sorgen. Wer viele blühende oder saatsetzende Unkräuter auf den Kompost schmeißt, könnte später ein Problem mit Unkraut haben, aber Unkrautjäten ist auch ziemlich cool, ich liebe es, ist super zum Nachdenken. Selfie mit Unkraut! Kommt bestimmt auch bald.

Was viele nicht wissen – und das ist noch mal ein wichtiger Hinweis –: Komposterde enthält zwar viele Spurenelemente und eine Reihe von Nährstoffen, ist aber kein Komplettersatz für Dünger. Es fehlt dem Kompost vor allem an Stickstoff, da die kleinen Mitarbeiter im Kompostierungsprozess viel Stickstoff verbrauchen. Deshalb lohnt es sich, vor dem Auftragen des Kompostes auf die Beete ein wenig Hornspäne oder Hornmehl zu verteilen. Für das gesamte Wissen um Kompost ist hier nicht genügend Platz, da loggen Sie sich mal ein in die Kompostforen. Sie werden staunen, was rund um den Kompost alles los ist.

Der pflegeleichte Garten

Sehen Sie, diese Kapitelüberschrift hat Sie auf Anhieb angesprochen, habe ich es doch geahnt. In meinen Gartenkursen stellen sich die Teilnehmer sehr gerne als ausgesprochen engagierte, vielschichtige Menschen mit wenig Zeit vor, die aber keinesfalls auf einen schönen Garten verzichten möchten. Deshalb beenden sie, nach einer ellenlangen Auflistung von Farben, Formen, Pflanzenwünschen, Rasen und rauschenden Blütenbeeten, ihre Vorstellung von Garten und Person gerne mit dem Satz: »Ja und pflegeleicht muss der Garten auf jeden Fall auch sein.«

Einige trauen sich sogar, mir zu erklären, dass sie ganz glücklich wären, wenn es im Garten etwas wilder aussähe, also etwa so wie in der Natur, ich wüsste schon, was sie meinen, ein wenig Unkraut und ab und an was Hübsches, Natürliches und so ... Hm, ja, ich glaube ich weiß, was sie meinen. Nur ist es so, dass zwischen naturnah und ungepflegt lediglich eine ganz feine Grenze liegt, und ist in das künstliche Umfeld des »Gartens« erst einmal das Unkraut eingezogen, ist das Hübsche nicht mehr zu erkennen.

Mein ungeliebter Rat: weniger Rasen, mehr Gartenkenntnisse. Nein, dafür müssen Sie kein Gärtner sein, nur das Richtige im richtigen Moment tun – da kann man ganz viel Zeit sparen. Das Was und Wann ist der Trick und nicht das Ob. Den ein oder anderen kleinen und großen Tipp haben Sie bis hierher hoffentlich schon mitgenommen. Aber eines soll noch gesagt sein: Es gibt entweder einen schönen oder einen pflegeleichten Garten, beides ist leider nicht miteinander zu verbinden. Aber Sie können gleich schon mal anfangen, aus der schwerfällig erscheinenden Gartenarbeit ein wesentlich sympathischeres und leichteres Tätigkeitswort zu kreieren, nämlich das Gärtnern – und schon geht es viel einfacher von der Hand. Deshalb haben Sie ja wahrscheinlich auch überhaupt zu diesem Buch gegriffen. Ihnen gefällt die Idee zu gärtnern, mir übrigens auch.

Spätherbst: Anfang November bis Anfang Dezember oder Geduldsprobe fürs Gemüt

Für den Spätherbst haben die Gärtner den November auserkoren – weil er der ideale Monat für die Pflanzung der entlaubten Gehölze ist und weil er ein wichtiger, aber auch sehr schwieriger Gartenmonat ist. Der Monat, in dem der Gärtner besonders stark an sich halten muss, um nicht doch noch der Herunterschneidewut zu verfallen, denn viele Pflanzen wie Gräser, Astern und Hortensien machen es ihm schwer, ihre heraneilende Schönheit zu erkennen. Wie viele von uns folgen dann doch dem alten Stigma und meinen, Abschneiden und Saubermachen sei besser als das sterbende Elend mitzuerleben. Stimmt aber nicht. Wer diesen Monat noch aushält, wird spätestens ab Dezember, wenn der Raureif, die ersten Fröste oder der Schnee kommen, belohnt. Die Natur zeigt sich nur jenen erkenntlich, die ihr vertrauen.

In der freien Natur schneidet niemand die Stauden herunter oder harkt das Laub weg – alles ist Teil des Kreislaufs. Auch in der Prärie wird nichts abgeschnitten, die wird einfach abgebrannt, und das scheint die Stauden sehr zu beflügeln. Das erinnert mich an einen denkwürdigen

Moment in meiner Karriere: Während meiner Englandzeit wurde ich einmal gefragt, ob ich für die Georgia O'Keeffe-Stiftung einen Gräsergarten auf der Chelsea Flower Show gestalten würde, was eine große Auszeichnung für mich und gut für meine berufliche Zukunft gewesen wäre. Für die Antwort hatte ich mir eine ganze Weile Bedenkzeit erbeten, um zu überlegen, ob es überhaupt machbar sei, ob es zu der Jahreszeit (Mitte Mai) genügend belaubte und blühende Gräser gebe, um so einen Garten erfolgreich zu gestalten.

Von vielen unruhigen Nächten und bewegten Träumen ist mir einer im Gedächtnis geblieben: Ich träumte, dass es doch ein Highlight wäre, diesen Gräser-Prärie-Garten am Eröffnungsabend der Show im Beisein der Queen einfach abzufackeln. Ich wachte begeistert von dieser Idee auf, aber wie Träume so sind, die Realität holt einen ein, und der Gedanke, den Garten eine Woche lang jeden Tag neu aufzubauen, um ihn am Abend zu verbrennen, war mir dann doch zu mühselig. Ich wage es kaum zuzugeben, ich habe den Auftrag nicht angenommen.

Egal, wir sind nun im Spätherbst in Deutschland, und ich möchte versuchen, wie Karl Foerster und viele andere vor mir, Sie davon zu überzeugen, dass der November kein trüber Monat sein muss und wie bedeutsam es sein kann, wenn man die Schere in diesem Monat einfach mal wegschließt. Und mehr noch: Man sollte vor allem bei der Planung eines Gartens darauf achten, dass jene Pflanzen, die Sauberkeitsfanatiker bereits im Oktober abgeschnitten haben, überhaupt nicht vorkommen. Denn viele haben gar keine Astern, Gräser und Hortensien im Garten, eben genau weil diese im Herbst so schmuddelig aussehen. »Braune Gärten«, hat eine englische Gartenexpertin meine damals recht vorausschauenden Gestaltungen genannt, denn bevor die Engländer in den letzten 20 Jahren die ornamentalen Gräser für sich entdeckten, fanden diese keinen Platz in ihren Gärten. Gras, schrieb Mary Keen in ihrer Kolumne gegen das Neue, Gras habe in englischen Gärten nur in Form von Rasen einen wahren Ehrenplatz. Ich wage festzuhalten, dass Mary Keen noch heute Kolumnen schreibt, darunter viele über die großartigen Vorteile von ornamentalen Gräsern.

Außer Stehenlassen gibt es im November noch etwas sehr Wichtiges zu beachten: Pflanzen im Garten zu haben, die gerade jetzt erst zu blühen beginnen. Es sind nämlich diese kleinen und großen Zauberkünstler, die das Leben in den schwermütigen, melancholischen Monaten lebenswert machen. In unserem trüben Hinterhof in Schöneberg, in dem ich leider noch keine Gelegenheit bekommen habe, Hand anzulegen, blüht wenigstens jedes Jahr um den 16. November herum die Schneekirsche (*Prunus subhirtella ›Autumnalis‹*). Keine volle Blüte natürlich, sie ist schüchtern und vorsichtig und verteilt ihre Blüten über den gesamten Spätherbst und Winter; immer nur drei, vier auf einmal, sparsam und trotzdem beglückend. Genau wie eine ganze Reihe von Duftschneebällen und Zaubernüssen. Viel zu häufig höre ich die Menschen sagen, dass es zu wenig Platz im Garten gibt, um auch noch Winterblüher einzuladen, doch die sollten Ihnen wichtiger sein als all die Sommerblüher, denn Letztere haben ja auch alle anderen im Garten. Im Übrigen findet sich immer ein Plätzchen, und ich habe noch kaum einen Garten in Deutschland gesehen, wo nicht noch die eine oder andere Lücke für eine winterblühende Pflanze gewesen wäre.

Womit wir beim Winter angekommen wären. Nur der einsame Laubjäger läuft noch ab und an dem einen oder anderen Blatt hinterher, das es gewagt hat, sich aus der

Nachbarhecke zu lösen und in seinen Garten zu fliegen. Dabei fällt mir auf, dass das Laub die gleiche Angewohnheit hat wie das Pech: Es kommt immer zu denen, die es am meisten fürchten.

Die Gartenakademie oder was passiert, wenn man auf die innere Stimme hört

Als ich mir im Jahr 2004 bei einem Freudensprung den Fuß brach, hatte ich keine Ahnung, welch folgenschwere Veränderung dieser Sprung in mein Leben bringen würde. Als Metapher bietet sich an zu behaupten, ich sprang in ein neues Leben.

Der Bruch bedeutete zunächst einmal, dass ich etwas erdulden musste, das ich bis dahin tunlichst vermieden hatte: Stillstand, noch schlimmer: still liegen. Regelmäßig sollte ich das Bein hochlegen und ausruhen. Schrecklich! Das war eine Aufgabe, der ich mich nur schwerlich unterwarf, und dennoch muss es ein paarmal geklappt haben. Denn bei einer dieser Tagesschlummerstündchen träumte ich, dass es völlig irrsinnig ist, als Deutsche den Engländern zeigen zu wollen, wie sie ihre Gärten zu planen und zu pflegen haben – das können sie eigentlich auch ohne mich ganz gut. Es würde doch viel sinnstiftender sein, hier in England die Zelte abzubrechen und meine über Jahre erlernte Gartenkunst zurück in meine Heimat zu tragen, um sie dort mit meinen Mitmenschen zu teilen.

Geträumt, getan. Noch mit Gipsbein humpelte ich wochenlang durch Berlin, um nach einer geeigneten Immobilie für ein Zentrum der Gartenkultur Ausschau zu halten. Obwohl ich weder ein Bild vor Augen hatte, wonach ich eigentlich suchte, noch, was konkret dort stattfinden sollte, verbrachte ich ein ganzes Jahr in der Zuversicht, »Es« zu finden.

In dieser Zeit habe ich gelernt, dass die wahre Kunst beim Suchen darin besteht, das Gesuchte, wenn man es dann vor sich hat, nicht nur zu erkennen, sondern auch den Mut zu haben, das Erkannte anzunehmen.

Die ehemalige Königliche Gärtnerlehranstalt war so ein Ort. Sie hat mich in all ihrem maroden Charme sofort verzaubert, und die Ideen für ihre Wiederauferstehung sprudelten nur so aus mir heraus. Dieser hundertjährige, sich im Dornröschenschlaf befindliche, großartige Ort der Gartenkultur lieferte die Antwort auf die Frage, die ich mir auf meiner Suche gestellt hatte, wie von selbst. Was wollte ich hier tun? Die Gartenkultur meiner Heimat für mich und viele andere wiederentdecken. 25 Jahre zuvor war ich fortgegangen aus dem Land meiner Eltern und Großeltern, weil ich dachte, dass das Gras auf der anderen Seite des Zaunes grüner ist, offensichtlich nur um erkennen zu können, dass es im eigenen Garten auch gar nicht so schlecht ist. Denn hier war ein Ort, an dem bereits lange vor mir Menschen damit beschäftigt waren, sowohl den Schöngeist der Gartenkultur als auch ihre absolute Notwendigkeit zur Ernährung der Bevölkerung zu lehren und zu studieren. Hier wurde deutsche Gartenkulturgeschichte geschrieben, und ich wollte diese geballten Kräfte und Werte der Vergangenheit nicht an Bulldozer verlieren, sondern sie wieder nutzbar machen.

Erst dann begann ich mir Gedanken zu machen, wie ein solches Unterfangen zu finanzieren sei. Und fast noch wichtiger: wie ich mein jahrzehntelanges Leben in England einfach mal eben aufgeben und mein erfolgreiches Landschaftsarchitekturbüro in den Cotswolds auflösen konnte. Alles Fragen, deren Bedeutung mir bei der Suche überhaupt nicht in den Sinn gekommen waren, aber so ist das wohl mit Visionen. Denn wenn ich damals gewusst hätte, was ich heute weiß, würde es aller Wahrscheinlichkeit nach die Gartenakademie nicht geben.

Die ehemalige Königliche Gärtnerlehranstalt war im 19. Jahrhundert einer der schönsten und wichtigsten Ausbildungsorte der Gartenkultur in Deutschland. 1823 wurde sie vom damaligen Hofgärtner Peter Joseph Lenné in Potsdam-Wildpark gegründet, um die Elite der Gärtner auf die umfangreichen Aufgaben am preußischen Königshof und im ganzen Land vorzubereiten. Der Gärtner war nämlich einmal der Ernährer der Nation, lange vor der Globalisierung. Da die Anlage in Potsdam den Ansprüchen zu Beginn des 20. Jahrhunderts nicht mehr genügte, wurde die Ausbildungsstätte auf ein sieben Hektar großes, im neuesten Gartenbaustil gestaltetes Gelände nach Berlin-Dahlem umgesiedelt. Die Lehranstalt mit ihrer für damalige Verhältnisse riesigen Gewächshausanlage von 2200 Quadratmetern war die wohl modernste Gärtnerausbildungsstätte Deutschlands, wenn nicht gar Europas. Da Peter Joseph Lenné zu dem Zeitpunkt schon 37 Jahren tot war, hat er den Umzug selbst leider nicht mehr erlebt.

Ich schreibe die Geschichte von Herrn Lennés Todeszeitpunkt hier nur deshalb so genau auf, weil es häufiger vorkommt, dass Cafébesucher in der Gartenakademie unter der gigantischen Weymouth-Kiefer sitzen und glauben, diese sei noch von Herrn Lenné persönlich gepflanzt worden. Ja, ich habe sogar schon mehrfach gehört, dass behauptet wurde, die etwa 110 Jahre alte Kiefer sei von Herrn Lenné und Frau Pape persönlich gepflanzt worden. Ich möchte dies vehement von mir weisen – ich habe den Herrn leider nie getroffen.

Als mir das Gelände jedenfalls 2006 in die Hände fiel, war die Kiefer das wohl einzig intakte Element der gesamten Anlage. Gekauft habe ich damals 2200 Quadratmeter Glas- und Stahlschrott mit teils kontaminiertem Boden und 7600 Quadratmeter verwahrloste Außenanlagen, dazu die Illusion, dass es Menschen geben wird – und vor allem auch Banken –, die mir helfen werden, das Gelände aus dem Dornröschenschlaf zu heben.

Deutsche Banker davon zu überzeugen, dass es sich lohnen könnte, in die deutsche Gartenkultur zu investieren, war allerdings in etwa so, wie Wasser aus einem Stein zu extrahieren. Was musste ich mir nicht alles anhören: dass Deutschland eine Wüste sei, was Gartenkultur betreffe. Ja eben, habe ich geantwortet, genau daher komme mein Wunsch, daran etwas zu ändern – aber da waren die Ohren schon wieder zu. Meinen damaligen noch halbwegs jugendlichen Leichtsinn wussten einige wohl zu schätzen, fanden aber das Thema ungeeignet für Förderungen und rieten mir, meine Energie doch lieber für etwas Anständiges, Solides, Bodenständiges einzusetzen – ob ich mir nicht vorstellen könne, etwas mit Computern zu machen? Ehrlich gesagt, nein!

Ich hatte es in meinem englischen Leben nie für nötig befunden, feministisches Gedankengut zu entwickeln, aber die Umgangsart der Banker mit einer alleinstehenden Frau war für mich doch sehr befremdlich. Bei jedem Treffen mit den Banken ereignete sich der gleiche unbehagliche Moment, denn kaum dass ich den Raum betreten und die Tür hinter mir geschlossen hatte, starrten die Herren noch eine ganze Weile weiter auf die Tür, wohl in der Hoffnung, dass zu dieser jungen Frau bestimmt auch ein finanzstarker Mann gehörte, der jeden Moment eintreten würde. Aber auch da musste ich sie enttäuschen:

Ich war nicht nur ganz allein, ich war noch dazu mit nicht allzu viel Eigenkapital gekommen und hatte außer Visionen, viel Wissen zum Thema Garten und einem guten Ruf im Ausland wenig zu bieten. Dass ich in England bereits 20 Jahre zuvor ein recht erfolgreiches Garten- und Landschaftsarchitekturbüro aufgebaut hatte und mir dort, zumindest für eine Deutsche, einen Namen erarbeitet hatte, spielte keine Rolle. Das hatte ich nun von meiner englischen Zurückhaltung, nie die Namen meiner berühmtesten Kunden preiszugeben. Ich hatte sozusagen nie existiert, vor allem auch, weil die Bankleute sich überhaupt nicht für Gartenkultur interessierten. Der Queen hatte ich zu dem Zeitpunkt leider noch nicht die Hand schütteln dürfen – das kam erst später, hätte mir aber vielleicht bessere Karten bei den Banken verschafft.

Dass sich Banken gerne weigern, Menschen, die im Regen stehen, einen Schirm zu borgen, war mir natürlich bekannt, und dass mich meine Bittstellungen in recht viele solcher Bankhäuser bringen würden, war mir auch klar. Dass sich jedoch gerade jene eine, die sich auf die Unterstützung von Jungunternehmern spezialisiert und das Wort Investition auf der Fahne hat, regelrecht schäbig benimmt, hatte ich in der Tat unterschätzt. Bis heute kann ich es nicht fassen, dass mir diese Bank einen hohen fünfstelligen Betrag als Vorkasse abgenommen hat, um sich überhaupt in die Lage zu versetzen, meinen Kreditantrag zu prüfen. Mal davon abgesehen, dass 90 Prozent solch eines Antrages der Antragsteller erarbeiten muss, hat diese Bank ohne viel Hin und Her nach kürzester Zeit meinen Antrag abgelehnt und mein Geld behalten – warum auch immer. Geld, das für mich überlebenswichtig war, in dieser Anfangszeit, in der ich meine gesamten Ersparnisse aus meiner ersten Firma in die Vorbereitung und Planung der

Gartenakademie stecken wollte und nicht in die Taschen der Banken. Das war aus meiner Sicht ein sehr böser Zug dieser angeblichen Investitionsbank unserer Hauptstadt, und es ist mir noch heute ein sehr befremdlicher Gedanke, dass sich Banken an wirklich ehrlichen Jungunternehmern eine goldene Nase verdienen.

Aber Banken sollen hier nicht weiter das Thema sein, vielleicht hat ihre Existenz ja sowieso bald ein Ende, wenn man sich Geld und Hilfe anders organisieren kann, mich sollte es nicht betrüben. Letztendlich haben mir ausländische Banken mehr Vertrauen gegeben, sie haben an die Gartenkultur, an den Ort, den ich gefunden habe, an die ganze Location und an mich geglaubt, und dafür bin ich bis heute dankbar, auch wenn ich noch lange nicht alle Schulden bedient habe. Zum Schmunzeln bringt mich heute, dass viele Gutachter der Banken das Objekt auf mögliche Rentabilität einschätzen sollten und mir damals allesamt gesagt haben: »Wer, glauben Sie, soll zu Ihnen da draußen jemals kommen?« Nur wenige Jahre später, und die Gartenakademie in aller Munde, sagen dieselben Leute heute, dass es ja kein Wunder sei: »Bei der Lage!« Tja, so sind sie, die lieben Helfer; am liebsten helfen sie denen, die keine Hilfe brauchen.

Eigentlich spielte nichts eine Rolle bei meinen Gesprächen mit den Banken. Man wollte den Garten einfach nicht. Ich wurde mit einem sehr alten Klischee aus meiner Lehrzeit konfrontiert, nämlich: Garten ist spießig, und wer im Garten arbeitet, ist es auch. Und wenn ich mir diese Sätze jetzt, zehn Jahre nach der Gründung der Gartenakademie, vor Augen halte, dann weiß ich auch, warum mir die Kreation einer Akademie für Gartenkultur so wichtig war. Ich wollte beweisen, dass diese Einstellung rundum falsch ist.

Die Idee zum Konzept der Gartenakademie entsprang zwei Grundgedanken.

Erstens: Ich wollte einen Ort schaffen, an dem ich schöne Gartengestaltung nicht nur zeigen, sondern auch für jedermann zugänglich machen konnte, und dafür hatte ich schon einen Plan im Koffer: das »1 Euro pro Quadratmeter«-Konzept (mehr dazu im folgenden Kapitel).

Zweitens: Ich hatte erkannt, dass der wissende Gartenbesitzer den Gartenhelfer, aber auch den Gärtner besser anleiten kann als der unwissende. Denn das hatte ich bei all meinen Gin trinkenden Gartendamen gelernt: Wer nicht selbst weiß, was im Garten machbar ist und wie er/sie ihn gerne hätte, wird Opfer des Gärtners. Viel zu oft hatte ich von Kunden und Kundinnen gehört, dass der Gärtner sich geweigert hatte, einen Busch umzusetzen oder eine Hecke zu schneiden, weil angeblich nicht die richtige Zeit dafür war. Und da sie es selbst nicht besser wussten, haben sie den Gärtner – ob richtig oder falsch – walten lassen. Mich hat diese Entwicklung beunruhigt, zumal ich immer weniger gut gepflegte, wenn überhaupt gepflegte Gärten zu Gesicht bekam, in denen angeblich regelmäßig eine Fachkraft tätig war. Gartenpflege schien sich in die Richtung »Im Reich der Blinden ist der Einäugige König« zu entwickeln. Also waren meine Prioritäten für die Gartenakademie gesetzt: schöne Gärten für alle und im Mittelpunkt eine Ausbildung zum Gartenbesitzer.

Mit diesen Themen im Gepäck hatte ich mir die ehemalige Königliche Gärtnerlehranstalt angesehen und für traumhaft befunden. Was konnte man hier alles machen, mehr als 7000 Quadratmeter Land, um Schaugärten und Schaubeete anzulegen, um die Pflanzen zu verkaufen, die Gärten wirklich schön machen, und die Beratung zu vermitteln, die gärtnernde Menschen tatsächlich benötigen!

Mich hatte nämlich nach meiner Rückkehr aus England ein wenig die Angst befallen, dass es in Berlin nur Knallerbsenbüsche (*Symphoricarpos*) gibt. Das lag aber wohl daran, dass ich zu der Zeit sehr häufig am Tiergarten vorbeifuhr, der ja nun auch schon viel schöner ist.

Aber zurück zur Gartenakademie. Was mir zuallererst veränderungsbedürftig erschien, war ein Teil des alten Namens dieser schönen Anlage. Ehemalige Königliche Gärtnerlehranstalt, wow, wer wollte sich das antun? Ich wollte weder ehemalig sein noch wollte ich eine Anstalt, das macht sich heute nicht mehr wirklich gut. Auch wollte ich nicht lehren, denn lehren liegt für mich immer ein Tickchen zu nahe am Belehren. Ich aber wollte mitreißen, nach dem Motto: Gärtnern kann jeder, man muss nur ein paar Tricks kennen. Auch wollte ich den sehr ernsten, predigenden Ton, den die Gartenfachwelt gerne benutzt und der auch in vielen Gartenbüchern zu finden ist, infrage stellen. Es gibt nämlich nicht nur den einen Weg zu gärtnern. Alles kann, nichts muss im Garten, sagt meine Frau, Isabelle Van Groeningen, gerne. Sie müssen im Garten überhaupt nichts so machen, wie es andere wollen, und was Ihre Mutter, Schwiegermutter, Tante, beste Freundin oder sonst wer sagt, ist völlig schnurzpiepegal. Es ist Ihr Garten, und wir geben Ihnen gerne ein paar Tipps, wie es hier und da leichter sein könnte. Oft hören sich Gartenbücher so an, als würde ein Strauch auf der Stelle eingehen, wenn man den Rat nicht akkurat befolgt. Das missfällt mir sehr. Denn, wie sagt meine Freundin Angela mit der Münchner Streitschule: »Ratschläge sind auch Schläge.«

Also habe ich mich kurzerhand entschlossen, weder ehemalig noch belehrend zu sein und auch keine Anstalt zu haben. Ich wollte eine Gartenakademie. Und da der

Ort schon vor mir so viel schöne Gartenkultur erschaffen hatte, wollte ich ihm den Titel »Königlich« nicht vorenthalten. So, und nun wissen Sie auch, wie der Name »Königliche Gartenakademie« entstanden ist; das ist eine häufig gestellte Frage, die oft auch zu unangenehmen Betitelungen meines Namens führt – so bin ich schon des Öfteren als Frau Dr. von Pape angesprochen worden. Wie peinlich! Aber sehen Sie, so schnell kann es gehen, dann hat man schwuppdiwupp nicht nur einen Doktor-, sondern auch einen Adelstitel. Allerdings habe ich es am liebsten, wenn man mich Gabriella nennt, das ist nämlich ein sehr schöner italienischer Name, für den ich mich an dieser Stelle gerne noch einmal bei meiner italienischen Mutter bedanken möchte.

Zurück zur Gartenakademie. Dieser Ort, der mich 2006 verzaubert hatte und den ich ohne Wenn und Aber haben wollte, war natürlich in Wirklichkeit viel zu groß, als dass er von einer einzelnen Person betrieben werden konnte. Die 2200 Quadratmeter große Gewächshausanlage bestand und besteht bis heute aus einem 50 Meter langen Mittelschiff, von dem aus zehn Gewächshäuser von 140 Quadratmetern abgehen. Es galt also nicht nur, diese unter Denkmalschutz stehenden Gewächshäuser wieder zu restaurieren, ohne dass dabei ihr historisches Makeup zerstört wird, sondern vor allem, diese Gebäude mit Leben zu füllen, vorzugsweise mit Gartenleben. Da so viel Geld zur Restaurierung der Anlage nötig war, wollten mir natürlich auch die wohlgesonnenen Banken nichts borgen, ohne dass ich nicht wenigsten in der Lage wäre, die Zinsen durch Vermietungen zu erwirtschaften. Ich ging also, bevor der Kauf getätigt und die Renovierung beginnen konnte, auf die Suche nach Mietern, die Lust auf Garten hatten.

Wie aus dem Nichts tauchte da ein sehr netter Caféhausbetreiber auf, der zudem ein Gewächshaus für ein Gartenaccessoiregeschäft mieten wollte; auch die Firma Manufactum konnte für ein Gewächshaus gewonnen werden, und zwei der Häuser wollten wir selbst betreiben, eins als Gartenschule und eins als Gartendesignbüro. Auch die Außenanlagen sollten vermietet werden, doch wollte sich da nicht so recht jemand rantrauen, da Gärtnereien aus dem Umland schon viele schlechte Erfahrungen mit Blumengärtnereien in der Großstadt gemacht hatten. Also entschlossen wir uns kurzerhand, die Stauden selbst zu vertreiben und den Baum- und Strauchverkauf an die Firma Lorberg zu vermieten. Heute betreiben wir – bis auf Manufactum – das gesamte Gelände selbst, da wir nur so sichergehen können, dass der hohe Standard, dem wir uns verpflichten, auch in jedem Bereich eingehalten wird.

Zuvor gab es natürlich noch ein paar Steine aus dem Weg zu räumen, denn kaum hatte ich die Banken auf meiner Seite – weil ich ja nun auch Pächter für fünf Jahre verpflichtet hatte –, wurde mir vom damaligen Finanzsenator der bereits unterschriebene Kaufvertrag entzogen. Warum, weiß ich bis heute nicht, nur, dass daraufhin alle Pächter von ihren Verträgen zurücktraten und die Banken auch. Ich war dem Herzstillstand nahe. Aber solche Spielchen scheinen ja in Berlin gang und gäbe zu sein.

Die Gerüchteküche brodelte: Ich sei eine Heuschrecke – zu der Zeit waren von diesen Tieren besonders viele unterwegs. Dabei wollte ich das Grundstück und den unter Denkmalschutz stehenden Schrotthaufen darauf nicht für einen Euro, sondern für den gängigen Quadratmeterpreis kaufen. Was war geschehen? Vielleicht hat ja der ehemalige Finanzsenator eine Antwort für mich, ich bin noch immer ganz Ohr. Denn am 21.12.2006 wurde mir der unterschriebene Vertrag über einen recht anständigen siebenstelligen Betrag entzogen und erst im Juni 2007 ohne ein einziges Wort an mich zurückgesandt. Nach diesem Dilemma musste ich also nicht nur die Banken und Mieter davon überzeugen, dass einer Eröffnung zum 1. Mai 2008 nichts im Wege stand, sondern auch den Architekten und die Handwerker davon, dass man 9000 Quadratmeter Schrott in nur sieben Monaten zu einem der schönsten Orte der Stadt umbauen kann. Ach ja, und dank des verloren gegangenen Kaufvertrags hat mich der Bau 250 000 Euro mehr gekostet, weil ich durch den verspäteten Bauanfang Winterschutz über der Anlage platzieren musste. Was die Herren damals bewegt hat, mir all diese Steine in den Weg zu legen – darüber kann ich nur spekulieren. Was habe ich neulich gelesen? »Kein Weg ist ohne Schwellen.« *Well*, okay.

Genug der Zahlen und Vorwürfe, aber weil ich immer wieder höre und lese, dass ich dieses Objekt für einen Euro bekommen und dann mit öffentlichen Geldern finanziert hätte, will ich das hier einmal richtigstellen. Ich habe die Gartenakademie weder besonders günstig erstanden, noch habe ich für die Wiederherstellung auch nur einen einzigen Cent von Stadt, Land, Staat oder EU erhalten. Das gesamte Objekt mit all seinen Verbindlichkeiten lag und liegt einzig und allein auf meinen Schultern – und das bestimmt auch noch für eine recht lange Zeit.

Wie auch immer, mir persönlich hat die Pause – außer einem kleinen Nervenzusammenbruch – nicht allzu viel Schaden zugefügt, denn ich hatte mir ja für das Frühjahr vorgenommen, einen Garten auf der Chelsea Flower Show zu bauen, um einmal die Queen zu treffen. Und kaum war der Garten fertig und ich durfte der Queen und allen möglichen anderen Menschen die Hand schütteln, war ja auch schon Juni 2007, und ich bekam meinen Kaufvertrag wieder. Wie ich diesen Marathon damals geleistet habe, vermag ich heute nicht mehr zu erinnern, und auch das ist vielleicht gut so.

Dass wir dann neben der Gartenschule und dem Designstudio auch noch eine Gärtnerei gegründet hatten, ging – daraus mache ich kein Hehl – völlig an unserem Wissen vorbei. Wir kannten zwar sehr viele Pflanzen, hatten aber noch nie in unserem Leben mehr Pflanzen eingekauft als für unseren eigenen Garten. Es war ein wenig so, als wenn man glaubt, eine Bank besitzen zu müssen, nur weil man Geld gerne hat. Egal, wir haben uns auch da über die letzten zehn Jahre mit gigantischem Eifer und unbändigem Elan hineingekniet, sodass man heute denken könnte, wir hätten nie etwas anderes gelernt.

Zumal unser Ansatz, wie eine Gärtnerei auszusehen hat, sehr anders war, und auch das könnte dazu geführt haben, dass niemand die Gärtnerei übernehmen wollte. Heute bin ich dankbar, dass es so ist, wie es ist, denn uns schwebte ein ganz eigenes, neues Bild von einer Gärtnerei vor. Wir wollten keine hässlichen Aluminiumtische, auf denen, nach dem Alphabet sortiert, die Stauden standen. Ich wollte zurückhaltend gestrichene, gestufte Holztische, auf denen die Stauden nach Farben sortiert wurden, sodass der Verkaufsbereich einem großen Staudengarten mit farblich unterschiedlichen Beeten ähnelte. Wie bei vielen Dingen für den Garten gab es solche Stelltische natürlich in Deutschland nicht, woraufhin ich mit schneller Hand die Tische zeichnete und in England bauen ließ. Das war weder die flinkste noch die ökonomischste Art und Weise, eine neue Gärtnerei zu gestalten, aber ohne Frage die schönste und später dann auch die erfolgreichste, die mir bekannt ist. Unsere Staudentische sind nach warmen und kühlen Farben sortiert. Es gibt drei Tische mit den warmen Farben des Spektrums Rot, Orange und Gelb und drei Tische mit kühlen Farben, Weiß, Rosa und Lila/Blau. Dann noch ein paar Tische mit Stauden für den Schatten, einen für die mediterranen Pflanzen und Kräuter und einen mit den Pflanzen, die im Schaubeet blühen.

Das hat sich, trotz des Spotts, den wir uns am Anfang ausgesetzt fühlten, sehr bewährt, denn wer geht schon in eine Gärtnerei, um eine Pflanze mit P zu suchen? Allerdings wäre die Akademieeröffnung an meinem Übermut, die Tische selbst zu gestalten und in England zimmern zu lassen, fast gescheitert. Sie wurden 48 Stunden vor der Eröffnung ohne Anstrich geliefert, da blieb nicht mehr viel Zeit zum Streichen und Bestücken. Aber wir waren ja schon Meister der Geschwindigkeit. Und eines will ich hier klar und deutlich sagen: Ohne meine Freunde, aber vor allem ohne unsere Chefgärtnerin Thea Carlin und meine Partnerin Isabelle Van Groeningen würde es diesen Ort nicht geben!

Die Gartenschule wollten wir nach englischem Muster gestalten, also eher nach dem Motto: Gut vorgemacht ist halb selbst gemacht – weniger für Profis als erst einmal für Amateure, damit die endlich aufhören, dem Gärtner alles zu glauben. Mittlerweile arbeiten wir an einer eigenen Gärtnerausbildung mit Schwerpunkt Pflanzen und Pflege und haben uns auch gerade einigen guten Privatinitiativen des Gartenbauverbandes angeschlossen, weil die staatlichen Ausbildungsstätten den neuen Anforderungen aus meiner Sicht schon lange nicht mehr genügen.

Das Designstudio konnte ich dank der Hilfe des sehr begabten und guten Gestalters Christian Otto schnell zu einem lukrativen Zweig der Gartenakademie ausbauen, wodurch es mir über viele Jahre möglich war, die ansonsten noch nicht sehr umsatzfreudige Gartenakademie am Leben zu erhalten. Eines der beliebtesten Standbeine des Gestaltungsbüros ist dabei das von mir entwickelte »1 Euro pro Quadratmeter«-Designkonzept.

Es ist schwierig, unsere Gartenakademie in Worte zu fassen oder sie bis ins Detail zu beschreiben, am besten kommen Sie mal vorbei. Denn einer der Hauptgründe, warum ich die Gartenakademie in Berlin betreibe, ist ohne Frage, weil Berlin immer eine Reise wert ist.

Aber vor allem für eines ist die Gartenakademie ein gutes Beispiel: »*If you can dream it, you can do it.*« Und darauf möchte ich bei der Verwirklichung von Träumen ganz besonders aufmerksam machen: dass es heute mehr denn je gilt, den Idealismus dem Kapitalismus vorzuziehen. Wenn ich dieses Unterfangen mit dem Ziel, reich zu werden, begonnen hätte, wäre ich mit absoluter Sicherheit auf halber Strecke gescheitert.

Die Krönung unserer Bemühungen war dann wohl die Einladung zum Staatsbankett 2015 im Schloss Bellevue zu Ehren Ihrer Majestät Elizabeth II., Königin des Vereinigten Königreiches. Mit Sicherheit ihr letzter Besuch in Deutschland und auch deshalb für mich und Isabelle eine ganz besondere Ehre. Was für ein Erlebnis! Händeschütteln mit der Queen und Prinz Philip in unserer neuen Stadt – na, wenn das nichts ist, damit darf man doch ein bisschen angeben, oder? Zumal ich nun endlich meiner Großmutter, die mich all die Jahre, die ich in England wohnte, fragte, wie es eigentlich der Queen gehe, mit: »*She is fine*« hätte antworten können. Nur leider ist meine Großmutter nun nicht mehr da, um zuzuhören. Aber wie sagt der Engländer: »*She would have been so proud of you.*« Ich glaube, das stimmt, ich bin es auch ein wenig.

»1 Euro pro Quadratmeter«

Das Gestaltungskonzept »1 Euro pro Quadratmeter«, das wir in der Gartenakademie anbieten, ist ein wenig aus der Verzweiflung einer jungen selbstständigen Gartengestalterin entstanden, die tagein, tagaus durch die englische Landschaft fuhr, um Menschen mit Grundstücken Honorarangebote für Gärten zu machen, von denen sie keine Vorstellung hatten, wie sie einmal sein sollten.

Dazu eine kurze Erläuterung: Als Jungdesigner/in hat man noch kein großes Portfolio, klar, man hat eigentlich außer seinem noch nicht sehr ausgeprägten Wissen und vielleicht einer gesunden Portion Selbstbewusstsein wenig zu bieten. Durch Annoncen in Fachzeitschriften bekommt eine junge Gestalterin dann ab und an einen Anruf von einem interessierten Gartenbesitzer, der sich wünscht, man könne doch mal vorbeischauen und sich den Garten ansehen, dann würde man schon zusammenkommen.

Ha, ich sage Ihnen, da fährt man stundenlang über Land, um dann bei einem Ehepaar mit zwei Kindern, einem Hund, einer Katze und einer Großmutter im Garten zu stehen und sich mit zwei Fragen konfrontiert zu sehen: Erstens: »*What do you think?*« Also, was ich denke, ist doch eigentlich gar nicht relevant, zumal sie mich ja nicht geholt haben, damit ich ihren Garten bewundere, sondern damit ich ihnen helfe, weil sie damit nicht zufrieden sind. Also, um nicht unhöflich zu sein, sage ich nicht, dass dort meiner Meinung nach durchaus noch Gestaltungsbedarf besteht, sondern ich gebe die Frage zurück: »*What do you think?*« Das bricht ein wenig das Eis, sie zeigen mir ein paar unglücklich dreinschauende Rhododendren, was mich in den Cotswolds – weil Kalkboden – nicht überrascht, führen mir ihre nicht so schönen Ecken und ihre komplizierten Bereiche im Garten vor. Ich streichele den Hund und die Katze, trinke Tee mit der Großmutter und versuche, Vorlieben, also Gartenvorlieben, zu erfragen. Es stellt sich dann meist heraus, dass sie am liebsten die Pflanzen mögen, die in der Region nicht so gut wachsen, er gerne viel Rasen hätte und sie einen kleinen Teich und viele Blumen. Also eigentlich alles wie bei uns hier auch.

Aber um die zweite Frage komme ich nicht herum: »*What would you change or do if it was yours?*« Ich weiß es nicht, ich bin seit einer Stunde in dem Garten, der eigentlich ein Stück Land mit einer unglücklichen Pflanzensammlung ist, und nun soll ich ihnen kurzerhand sagen, was und wie ich das Dilemma, auf das sie seit Jahren schauen, ändern würde. Ich bin jung, dynamisch, bestimmt auch nicht schüchtern, aber an Ort und Stelle gleich zu sagen, was ich denke, halte ich für falsch und unangebracht, und häufig braucht man auch ein wenig Zeit, um darüber nachzudenken. Ich verabschiede mich von der netten Familie, und der Hausherr drückt mir die Hand mit den Worten: »Na, dann machen Sie uns doch mal ein Angebot.«

Auf dem Nachhauseweg geht mir die Sache natürlich nicht aus dem Kopf. Ich gebe in ihn ein: Grundstück, Cotswolds, Ehepaar, Kinder, Hund, Katze, Großmutter, Problemzonen, schlechter Rasen (gibt es auch in England), mehr Rasen, viele Blumen, kleiner Teich, aber eigentlich wissen sie nicht, was sie wollen. Ergo: Sie wissen nicht, was sie wollen, ich weiß nicht, was sie wollen – wie soll ich da ein Angebot schreiben? Auf diese Weise vergeuden auch heute noch Hunderte von Jungdesignern ihren Tag und viel Zeit mit dem Schreiben von Angeboten, und wahrscheinlich kommt nur eines von zehn überhaupt zum Abschluss.

Irgendwann habe ich mir gesagt, so geht das nicht. Ich kann doch nicht mein Leben lang über Land fahren, Hunde streicheln und hypothetische Angebote schreiben, die kein Mensch lesen will, weil die Menschen nicht in der Lage sind, sich selbst ein paar Gedanken zu ihrem Garten zu machen. Dass die Menschen in England gerne viel Geld für den Garten ausgeben, nur weil sie ihn vielleicht lieber haben als wir, stimmt nicht; auch sie lieben Schnäppchen. In unserem neuen Konzept ist das Schnäppchen nun nicht etwa darin zu finden, dass die Gestaltung unsererseits weniger aufwendig ist, sondern der Preis ist nicht so hoch, weil viele vorbereitende Aufgaben, die meist unterschätzt werden, vom Gartenbesitzer selbst zusammengetragen werden, anstatt vom Gestalter. Genau darin liegt die Ersparnis.

Und das geht folgendermaßen: Um Gartenbesuche meinerseits unnötig zu machen, müssen die Grundstücksbesitzer ihren Garten zuallererst sowohl selbst vermessen als auch aus vielen unterschiedlichen Perspektiven fotografieren. Um den ganzen Ablauf für diese doch recht aufwendigen Schritte zu erklären, habe ich vor zehn Jahren eine Anleitung zum 1-Euro-Konzept geschrieben, die heute »Praxisbuch Gartengestaltung« heißt. Hier wird nicht nur beschrieben, wie man seinen Garten selbst vermisst und die zu erhaltenden Bäume und Sträucher einmisst, sondern auch wie und von wo aus die Aufnahmen zu machen sind. Bilder von der gegenüberliegenden Straßenseite, vom Vorgarten zur Haustür und aus der Küche in den Vorgarten beispielsweise sind Ansichten, die mich interessieren. Ich kann nur da helfen, wo es ausreichend Bilder gibt. Die Blicke aus dem Wohn- und Esszimmer oder der Küche sind besonders wichtig, denn von dort wird der Garten ganzjährig beschaut. Ich brauche die

Fotos später dann vor allem, um anhand der dort wachsenden Pflanzen den pH-Wert des Bodens zu bestimmen, also den Säurewert im Garten. Indikatorpflanzen gibt es nämlich sowohl bei Kräutern und Unkräutern als auch bei Bäumen und Sträuchern. Ein guter Gärtner kann anhand der Vegetation den pH-Wert ziemlich genau benennen. Ich muss also keine aufwendigen Bodenproben machen, wenn ich genügend Wissen habe.

Hat der Kunde seine Bilder geschossen und sein Grundstück selbst vermessen, ist er bereits ein anderer Kunde; er hat sich mit seinem Stückchen Land befasst, und nun verfügt er wie von magischer Hand urplötzlich über ein ganz anderes Verständnis von seinem Garten. Er war mit den Bäumen auf Tuchfühlung, weiß, dass der Gartenschuppen 5,4 Meter lang und 2,8 Meter tief ist und womöglich gar nicht so dicht am Nachbarzaun steht wie gedacht, und schief ist er auch noch – er oder sie ist involviert. Und ganz nebenbei hat er mindestens 500, wenn nicht 2000 Euro für die Vermessung gespart, je nachdem, wie groß der Garten ist.

Nun kommt der spannende Teil, den ich zu meinem Glück noch brauche: das Story- oder Moodboard. Ohne Moodboard kein Garten, denn sonst gestalte ich dem Kunden meinen und nicht seinen Garten. Das ist für mich der wichtigste Punkt bei diesem Konzept. Sie sollen am Ende in *Ihrem* Garten sitzen, nicht in meinem, und deshalb brauche ich einen bildlichen Ausdruck Ihrer Wünsche, Gefühle, der Aura, die Ihr Garten haben soll. Worte genügen mir dabei nicht, weil Worte nur dazu führen, dass ich Dinge sehe, die Sie gar nicht meinen. Viele Menschen sagen beispielsweise, sie mögen keine formalen Gärten, finden dann aber Sissinghurst schön. Sie wollen einen Cottagegarten – was soll das sein? Wie sieht der in

Ihrem Kopf aus? Bestimmt ganz anders als bei mir. Sehr beliebt sind auch romantische Gärten, aber was verstehen Sie unter einen romantischen Garten?

Ein schönes Beispiel ist immer Wasser. Meine Kunden erzählen mir häufig, sie möchten dringend ein bisschen Wasser im Garten. Was aber soll ich damit anfangen? Wovon sprechen wir? Wie sieht denn ein wenig Wasser in Ihrem Kopf aus? Ein Schwimmteich? Ein Froschteich? Blubberstein? Fontäne? See? Spuckender Löwenkopf? Ich sehe sofort Hunderte von Möglichkeiten, aber die Wahrscheinlichkeit, dass ich Ihren Wunsch erkenne, ist sehr gering. Die Wahrscheinlichkeit, dass meine Gestaltung Ihnen nicht zusagt, hingegen hoch. Und genau jetzt kommt das Moodboard ins Spiel. Am besten sammelt man über einige Monate Gartenmagazine und Bilder und klebt die dann auf ein großes Stück Papier, in ein Album oder auf lose Blätter. Egal wie, ich brauche Bilder von Gärten oder Gartenelementen, die Ihnen gefallen. Und kleben Sie ja nichts auf, das Ihnen zwar gefällt, das Sie aber gar nicht haben möchten! Auf das Moodboard gehören nur Dinge, die Sie auch wirklich in Ihrem Garten haben wollen.

Wenn Sie das dann alles zusammengetragen haben, machen Sie einen Termin mit dem Gestalter, der Gestalterin Ihres Vertrauens für das Erstgespräch. Bei uns dauern die Gespräche selten länger als eine halbe Stunde, und es sind auch eher Monologe – der Kunde spricht, der Gestalter hört zu und fragt höchstens mal nach. Hier haben sich zwei Regeln bewährt: Der Kunde und der Gestalter »stehen« an einem großen Tisch; wir haben die Erfahrung gemacht, dass sich die Gartenbesitzer dann besser konzentrieren. Und das Handy wird ausgeschaltet; auch das trägt wesentlich zur Konzentration bei, da selbst die ständigen

Signale von eingehenden Textnachrichten das Gespräch unnötig verlängern und erschweren. Wir möchten ja Ihnen und Ihrem Garten unsere volle Aufmerksamkeit schenken. In den letzten zehn Jahren hat sich gezeigt, dass sich die Menschen, wenn sie zu uns kommen und nicht durch ihre Alltäglichkeiten in ihrem Zuhause abgelenkt werden, nicht nur wesentlich besser auf das Geschehen fokussieren können, sondern auch wesentlich präziser ihre Vorstellungen mit uns teilen. Oft sogar so erfolgreich, dass unsere Gestalter oder ich bereits wissen, wie der Garten in etwa auszusehen hat, wenn der Kunde noch nicht ganz aus der Tür heraus ist. Für mich unglaublich, dass ein so einfaches, ausgedachtes Konzept aufgeht, nur weil der Kunde dann gut vorbereitet ist.

Die Kunden bekommen bereits am Abgabetermin ihren Abholtermin für das Gestaltungskonzept. Dazwischen liegen oft keine drei Wochen, denn es ist wichtig, das gerade im Vorgespräch Erfahrene so schnell wie möglich aufs Papier zu bringen. Und wer möchte schon gerne lange auf die Planung warten? Der Kunde lässt also Aufmaß, Bilder und Moodboard bei uns, leistet eine Anzahlung von 50 Prozent der Nettosumme und bekommt einen Abholtermin. Die Gesamtkosten errechnen sich aus der Gesamtgrundstücksgröße inklusive der Haus- und Zufahrtsfläche, da sowohl die Zufahrt als auch die Ein- und Ausgänge des Hauses sowie Fenster, Kellertreppen etc. in die Planung miteinbezogen werden. Bei einer Grundstücksgröße von 900 Quadratmetern kostet die Planung also netto 900 Euro zuzüglich 19 Prozent Mehrwertsteuer. Kleinere Gärten schneiden dabei ein wenig schlechter ab, denn es gibt einen Mindestbetrag von 650 Euro (zzgl. Mwst.), die auch Inhaber von Grundstücken unter 650 Quadratmeter Größe bezahlen müssen.

Dies liegt daran, dass dieses sehr transparente Konzept durch seinen recht hohen Aufwand gewisse Grundkosten hat.

Bei Abholung bekommt der Kunde nicht etwa nur einen Linienplan, sondern einen bezaubernd dargestellten und kolorierten Masterplan und eine individuell für ihn erstellte Skizze eines besonders wichtigen Gartenteils, der anhand eines der Fotos bestimmt wurde. Sowohl die Masterplanung als auch die Skizze werden von meiner langjährigen Freundin, Mitarbeiterin und Bühnenbildnerin Polly Wickham in England angefertigt. Jeder Garten ist ein Original aus ihrer Hand. Gerne können Sie sich die Planungen in unserem Studio ansehen. Es ist für mich immer wieder ein sehr besonderer Moment, ein kleines Wunder, zu erleben, wie beglückt die Menschen mit ihrer Gestaltung aus unserer Stube hüpfen.

Ausgedacht hatte ich mir das Gestaltungskonzept, um mir und meinen jungen Mitstreitern vor 25 Jahren das Leben leichter zu machen; dass es einmal so erfolgreich werden würde, hätte ich damals nie zu träumen gewagt. Mittlerweile haben viele Hundert solcher Planungen unser Büro verlassen, und seit etwa vier Jahren bekomme ich die ersten zarten Resultate ihrer Umsetzungen aus ganz Europa geschickt. Es ist sehr schön zu sehen, dass ein kleiner Stein solche Kreise ziehen kann und nach und nach mein Ziel erreicht zu sein scheint: dass auch Menschen mit kleinem Budget eine individuelle, liebevoll ausgearbeitete Planung für ihren Garten haben können, wenn sie nur bereit sind, sich ein wenig zu involvieren.

Mein Team und ich freuen uns auf jede noch so kleine oder große Herausforderung.

Winter: Dezember bis Februar oder Advent bis Fastnacht

Der Winter ist ohne Frage die längste und schwermütigste Jahreszeit in Deutschland. Für mich seit meiner Rückkehr aus England wohl die schwierigste Zeit im ganzen Jahr, denn in London dauert der Winter nicht länger als maximal einen Monat, dann blüht auch schon das erste Schneeglöckchen wieder. Doch ich lebe wieder hier und versuche, das Beste daraus zu machen, und das mit wachsendem Erfolg.

Früher habe ich oft gedacht, dass die Natur sich den Winter ausgedacht hat, um uns Menschen Zeit zum Nachdenken zu geben. Heute weiß ich, dass sie wesentlich schlauer ist. Sie hat sich den Winter ausgedacht, damit sie eine wohlverdiente Pause von den Strapazen bekommt, denen wir sie aussetzen. Vor allem Laubbäume sind gut dran, denn sie können – bis auf wenige Ausnahmen – ihre verschmutzten Blätter von sich werfen und im Frühjahr mit einem frischen Kleid neu anfangen. Was sollen dagegen die Nadelgehölze sagen, die ihre harten, klebrigen Nadeln jahrein, jahraus tragen müssen, ob es ihnen gefällt oder nicht? Allerdings stimmt das so auch nicht, denn wer eine Kiefer oder eine Tanne im Garten hat, weiß sehr wohl, was für Schmutzfinken die sind. Sie schmeißen nämlich meist wenig, aber regelmäßig ihre alten ausgedienten Nadeln herunter, ganz zum Ärger ihrer Besitzer. Die Armen! Ich frage mich manchmal, ob sie deshalb immer so düster und niedergeschlagen wirken, die Koniferen, wie man sie im Fachjargon auch gerne nennt, was so viel heißt wie »Zapfenträger«. Hiervon wird abgeleitet, dass Nadelgehölze, also Koniferen, zur größten lebenden Gruppe der nacktsamigen Pflanzen gehören. Sie haben recht, das wollen wir nicht vertiefen: *too much information*. Wer will das schon so genau wissen.

Aber natürlich gibt es auch für diese im Sommer und Herbst weniger zur Geltung kommenden Zapfenträger einen Jahreshöhepunkt, an dem sie sich förmlich neu erfinden: den Winter. Landauf, landab stehen sie plötzlich im Rampenlicht, in ihre dunklen Nadeln gehüllt und so mancher auch in wenig schöner Pose. Erst kürzlich war ich auf der Insel Mainau, einem Ort, an dem es tatsächlich möglich ist, die Schönheit von Koniferen zu genießen, ohne von ihnen erdrückt oder überwältigt zu werden. Hier gibt es keine Ansammlung von traurig dreinschauenden immergrünen Giganten, hier hat ein Mensch mit großem Wissen und Können vor rund 150 Jahren die Bäume so platziert, dass jeder in seiner eigenen Individualität so zur der Geltung kommt, wie es ihm gebührt. Allerdings stehen hier Laubbäume und Koniferen in harmonischem Zusammensein. Diese große Kunst scheint uns nach und nach abhandenzukommen, denn sie setzt ein immenses Wissen um die Wuchseigenschaften der Bäume voraus, das fast niemand mehr besitzt. Nicht einmal die Planer selbst wissen genug, um den richtigen Baum an den richtigen Ort zu pflanzen. Seit Neuestem wird es sogar der Politik überlassen, die Höhe der Bäume zu bestimmen, damit sie keinen Schatten auf die Solarpaneele auf den Dächern werfen.

Dass sich Fachleute irren können, ist normal, aber dass sie deshalb Privatgärtnern vorgaukeln, ein Weihnachtsbaum im Topf sei ökologisch besser als der abgesägte Baum, weil man ihn nach Weihnachten wieder auspflanzen kann, ist mehr als fragwürdig. Glauben Sie mir, ich verfolge seit über 35 Jahren, was mit diesen armseligen Kreaturen wieder und wieder passiert. Sagen wir mal, der glückliche kleine Baum hat die drei Feiertage in Ihrer völlig überheizten Wohnung gut überstanden. Dann ist aber erst der 27. Dezember, und die Großmutter möchte den Baum gerne auch noch sehen, wenn sie zu Neujahr kommt. Alles klar, der Baum sieht ja auch noch ganz fit aus, nadelt nicht, und Wasser hat er auch ab und zu gekriegt. Neujahr kommt und geht, der Baum wandert auf den Balkon oder die Terrasse, denn – wie sollte es anders sein – der Boden ist gefroren, keine Möglichkeit zum Pflanzen. Nun erst beginnen die ekligen Wochen, Schnee, Graupel, Regen, Frost und bloß nicht mehr vor die Tür als unbedingt nötig. Oje, und schau mal, der kleine Weihnachtsbaum hält sich ganz tapfer – von wegen. Im März hat das arme Ding dann zwar seit Wochen nur Kälte und keinen Tropfen Wasser in seinen Topf bekommen, wird aber nun endlich ausgepflanzt, und zwar in die Reihe der noch immer leidenden Vorjahresweihnachtsbäume. Der Topf ist trocken, die Erde ist trocken, der Wasserhahn im Garten ist noch nicht geöffnet, also wird die Wässerung auf später verschoben – so auf Mai. Also, liebe Leser und Leserinnen, ich kann nur sagen, die ökologischste Variante ist die ohne Weihnachtsbaum, denn dann haben keine Bäume zu leiden, und Gestalter wie ich haben nicht ihr Leben lang damit zu tun, den kränkelnden ausgepflanzten Weihnachtsbäumen den Garaus zu machen.

Das fasst die Winterzeit ganz gut zusammen: Die erste Hälfte beschäftigt man sich mit Weihnachten, die zweite mit der Entsorgung des Weihnachtsbaumes, und dann ist auch schon wieder Frühling, und niemand ist drauf vorbereitet.

Ich vergaß zu schreiben, dass nicht nur Weihnachtsbäume nadeln, sondern alle Koniferen sich regelmäßig von einem Teil ihrer Nadeln trennen. Viele Kiefern haben die lästige Eigenschaft, sich entweder ständig oder sporadisch von ihren alten Nadeln zu befreien. Bei manchen sieht es dann so aus, als wollten sie sterben, weil sich zu einer ganz bestimmten Jahreszeit – meist im Spätsommer – alle alten Nadeln gleichzeitig braun färben. Die 120 Jahre alte Weymouth-Kiefer *Pinus strobus* in der Gartenakademie verfärbt sich jeden Spätsommer so stark braun, dass wir Anrufe fürsorglicher Mitbürger bekommen, die sich um die Kiefer sorgen. Ist aber nicht nötig, denn das ist nur ihre Art, sich von altem Ballast zu trennen. Ich wünschte, ich hätte es so leicht.

Doch natürlich gibt es auch viele Menschen, die sich ihren Lebensrhythmus im Winter nicht vom Weihnachtsbaum vorschreiben lassen und diese Zeit nutzen, um zu planen, am Kamin zu sitzen und in Gartenkatalogen zu schmökern, wie ich es schon beim Vorfrühling beschrieben habe, denn dazu eignet sich der Winter bestens.

Aus diesem Grund möchte ich zu guter Letzt noch eine Bresche für die Winterblüher schlagen, ohne die ich mit ziemlicher Sicherheit die letzten zehn Jahre in Berlin nicht überstanden hätte. Hier stehen an erster Stelle nicht nur die winter-blühwilligen, sondern jene Pflanzen, die zugleich auch noch duften. Die Winterschneebälle wie

Viburnum farreri oder *Viburnum x bodnantense* machen durch ihren atemberaubenden Duft überhaupt erst auf sich aufmerksam. Vielleicht ist das auch der Grund, warum so viele Winterblüher duften: Sie wollen auf sich aufmerksam machen, weil sie einem sonst gar nicht ins Auge fallen würden. Wer erwartet schon in dieser kalten Jahreszeit solchen Mut zur Blüte? Auch unter den frühen Zaubernüssen gibt es Arten und Sorten, die mehr duften als andere, weshalb ich sie unbedingt bevorzugen würde. Zu ihnen gehören vor allem die Hamamelis-x-intermedia-Selektionen wie die kupferorangefarbene Hamamelis intermedia ›Jelena‹ aus dem Arboretum Kalmthout, um nur eine der vielen Sorten zu nennen, die einen sanften, edlen Duft über ihre gesamte Umgebung verstreuen, dank ihrer zwei duftenden Vorfahren *Hamamelis mollis* und *Hamamelis japonica*.

Wer Beerensträucher mag, sollte im Hintergrund ruhig auch den einen oder anderen Ilex gepflanzt haben, wobei sich für den Vordergrund eher eine Skimmie aus dem Himalaja eignet. Aufgepasst: Beide Pflanzenarten sind zweihäusig, was bedeutet, dass sie zwei Pflanzen benötigen, um sowohl Blüten als auch Früchte zu haben, nämlich eine männliche und eine weibliche Pflanze.

Wer allerdings keinen Platz für Baum oder Strauch oder vielleicht gar nur einen Balkon hat, sollte auf keinen Fall die kleinen Schneerosen vergessen, die einem über die Wintermonate das Herz erwärmen. Übrigens kann man die ohne Weiteres im Winter kaufen, im Topf lassen und dann im Frühjahr in die Erde setzen – das nehmen sie einem nicht übel. Nur das Gießen ab und an nicht vergessen – sonst nehmen sie es einem schon sehr übel.

Was kann man noch über diese deprimierend lange Jahreszeit schreiben? Vielleicht noch, dass man, sollten einen

Freunde nach Südamerika einladen, unbedingt ja sagen sollte – es sei denn, man kann das mit dem ökologischen Gewissen nicht vereinbaren. Dann bleibt nur das Plätzchen am Kamin, leider auch CO_2-verdächtig, also Winterschlaf. *I will try my very best.*

Männer und Frauen: Aufgabenteilung

Dass Männer und Frauen eine ganz unterschiedliche Vorstellung von der Welt und ihrem Auftritt darin haben, zeigt sich fast nirgendwo unterhaltsamer als im Garten. Für mich als Gartengestalterin ist es immer wieder schön, wenn ich ein neues Objekt besuche und mir der Hausherr bereits an der Tür versichert, dass er und seine Frau sich völlig einig sind über das, was ihnen gefällt. Der Satz lautet meist: »Meine Frau und ich wissen schon ganz genau, was wir wollen.«

Das mag stimmen, doch könnten die Bilder, die ihnen vorschweben, nicht unterschiedlicher sein.

Spätestens mit dem Satz: »Natürlich viel Rasen und ein paar Rhododendren« ist die Harmonie dahin. Sie hat nämlich überhaupt kein Interesse an Rhododendren und viel Rasen, sie möchte Blumenbeete, auch gern in Farbharmonien oder ganz in Weiß: Hecken, Gartenräume, Sichtachsen – alles, was man in englischen Gartenbüchern so bewundert. Das bringt den Mann entweder dazu zu gehen, oder er steigt in den Ring und versucht, um jeden noch so kleinen Fetzen Rasen zu kämpfen. Alles, was seiner Steppenhasenmentalität im Weg steht, kann und soll sein Bild von der Weite des Gartens nicht stören. Er möchte keine Räume – »Wozu Räume? Als ob wir nicht schon genügend Zimmer im Haus haben« –, nein, weitläufig soll er sein, der Garten, selbst wenn er nur 250 Quadratmeter misst, 250 Quadratmeter Rasen sind besser als nichts.

Da geht es schon mal los: Die Dame des Hauses hat es gerne kuschelig, und der Mann möchte am liebsten von der Terrasse aus alles sehen, was ihm gehört, sein Territorium möchte er bis in die letzte Ecke überwachen können. Mit einer Ausnahme: Ist er homosexuell, dann liebt auch er oft Blumen aller Couleur, Gartenzimmer, Dekorationsobjekte und so weiter. Es soll hier aber ja um Männer und Frauen und die dominierende Menge der Gartenbesitzer gehen, und die sind – Sie ahnen es schon – 40 plus, gut situiert, verheiratet und heterosexuell.

Gehen wir dann von einem Garten aus, der nach der Gestaltung eine mehr oder weniger ausgeglichene Schnittmenge aus den oben aufgeführten Prioritäten bildet – natürlich mit mehr Rasen als Beeten und weniger Räumen, dafür ungeahnter Weite –, stellt sich die Frage der Arbeitsteilung. Die sieht ähnlich ausgeglichen aus: Der Mann kümmert sich um den Rasen und die Hecken und die damit verbundenen Gerätschaften wie Rasenmäher, Laubbläser, Vertikutiermaschine, Aerifiziermaschine, Motorheckenschere, Harke und alles, was sonst noch glücklich machen könnte. Häufig wird auch für einen recht übersichtlichen Garten ein ganzer Fuhrpark angeschafft. Auf der Chelsea Flower Show beobachte ich nur zu gerne die Herren dabei, wie sie um den John-Deere-Verkaufsstand herumscharwenzeln und mit leuchtenden Augen die Aufsitzmäher-Preise, die durchaus mit denen für einen Kleinwagen mithalten können, verständnisvoll beäugen. Sie träumen von großen Anwesen mit golfplatzähnlichen Rasenflächen und der unermesslichen Freiheit, die ein solcher Rasenmäher verheißt. John Deere ist ein geradezu magisches Wort für sie. Frauen sagt das nichts, gleichwohl es sozusagen der Maserati unter den Aufsitzmähern ist. Die Frauen dagegen finden sich an den kleinen Saattütenständen oder bei den hübschen Unkrautkörben ein. Sie brauchen nicht viel, um ihr Glück zu finden: Ein Kniekissen und etwas zum Jäten machen sie zu einer recht ausgeglichenen Person.

Während Männer ihren neu erworbenen Gartenbesitz häufig mit einer Motorsäge erkunden, machen Frauen das gerne erst einmal mit einem Spaziergang, um zu sehen, was da unter den Bäumen und Sträuchern so wächst. Es sind so grundlegend unterschiedliche Ansätze, dass ich gar nicht weiß, wo ich anfangen und enden soll. Festzuhalten bleibt, dass viele Klischees zwar zutreffen, aber die Ausnahme die Regel bestimmt. Männer lieben Bäume, sie geben ihnen etwas Unvergängliches; Frauen mögen das Vergängliche, sie finden Bäume auch gut, aber nicht ganz so doll, sie freuen sich über ein blühendes Schneeglöckchen mindestens genauso.

Grundsätzlich, so habe ich beobachtet, sind Frauen im Garten geduldiger als Männer; ich vermute aber, dass dies nicht nur für den Garten zutrifft. Nur sehr selten möchten Frauen einen Instant-Garten haben, wohingegen sich deutsche Männer äußerst gern einen fertigen Garten bauen lassen, wenn ihnen dafür das nötige Geld zur Verfügung steht. Übrigens – und das soll hier auch noch Platz finden – sind die geschlechtertypischen Rollen im Garten international und ausdrücklich nicht auf Deutschland beschränkt.

Allerdings lässt sich in den letzten Jahren eine Trendwende erkennen, die Klischees werden verschwommener, die Männer sanfter, die Frauen ein wenig emanzipierter, und somit gibt es mittlerweile eine ganze Reihe sehr schöner, harmonisch gestalteter Gärten, in denen das Äquilibrium zwischen Blume und Rasen stimmt. Man könnte ein #MeToo für Gärten einführen, das würde bestimmt helfen.

Wühlmäuse und andere Herausforderungen

Ohne Frage ist die Verfolgung, Tötung oder Aussetzung von ungebetenen Gästen im Garten ein Volkssport, den nur gärtnernde Menschen verstehen. Für jeden anderen sind diese Aktivitäten nicht nur bestialisch und unmenschlich, sondern auch absolut unnötig – tja, sie gärtnern eben nicht. Ich zum Beispiel möchte anderen nicht erklären, warum ich Unmengen an Bier in meinen Garten schütte oder nachts mit der Taschenlampe durch die Beete ziehe, um mit leidenschaftlicher Inbrunst meinen Schnecken den Garaus zu machen. Nein, ich gebe an dieser Stelle nicht preis, was ich dann mit ihnen mache, ich möchte ja nicht den Tierschutzverein auf mich aufmerksam machen – nur so viel kann ich sagen: Ich fahre sie nicht an den Stadtrand, um ihnen dort ein neues Zuhause anzubieten. Es stimmt schon, jemand, der nicht gärtnert, kann das nicht verstehen. Muss er/sie ja auch nicht, kann ich gut für mich behalten, und zum Glück gibt es viele Gärtner, die sich dafür interessieren.

Ich erinnere mich an eine Kundin, der ich einen sehr schönen großen Garten inmitten einer unserer deutschen Metropolen bauen durfte und die mich gleich im ersten Jahr anrief, um mich zu fragen, was sie denn nur mit den Schnecken machen solle. Wie sagt man das nett, dachte ich, es führt schließlich kein Weg daran vorbei, also riet ich einfach: »Ganz egal. Drauftreten oder durchschneiden.« – »Iiiiigit!« Sie war natürlich überhaupt nicht begeistert von meinen mörderischen Vorschlägen und zog es vor, die schleimigen Genossen regelmäßig einzusammeln und dann spazieren zu fahren, bis sie einen passenden Ort für sie gefunden hatte. Drei Jahre später habe ich sie besucht, um an der einen oder anderen Ecke noch einen Tipp zu geben, und als ich auf die Frage mit den Schecken kam, wurde erst wild gestikuliert und dann bekannt, alles, was geht, werde gemacht. Ich habe dann besser nicht nachgefragt. Meine Kundin war nun eben auch eine leidenschaftliche Gärtnerin geworden, und da darf man das dann.

Ähnlich wütend machen einen die Wühlmäuse. Mein guter Gartenbegleiter Karl Foerster hat einmal auf die Frage: »Was würden Sie machen, wenn Sie Wühlmäuse hätten?« geantwortet: »Mich ärgern.« Stimmt, Wühlmäuse sind wohl das Fieseste, das sich der Gärtner nur vorstellen kann, oder zumindest ebenbürtig mit Schnecken. Sie sind Vegetarier und deshalb für den wahren Gärtner viel gefährlicher als der Maulwurf, der ja bloß ein paar harmlose dunkle Haufen aufwirft und die Maden der Maikäfer vertilgt. (Für diese Aussage hassen mich sicher die Greenkeeper der Golfplätze.) Die Wühlmaus hingegen frisst fast alles, was ihr bei ihren Untertunnelungen der Beete und Rasenflächen in den Weg kommt.

Im Garten meiner Mutter, den ich gern als Pflanzentestgarten benutze, habe ich das Gefühl, die Wühlmäuse warten förmlich auf die neuen Delikatessen, die ich da zu unterschiedlichen Jahreszeiten hineinstecke. Der Herbst ist ihre favorisierte Zeit, da bringe ich ihnen Unmengen an Köstlichkeiten in Form von Zwiebeln in allen Größen – damit ist ihr Wintervorrat gesichert. Im Frühling bringe ich leckere Stauden, um herauszufinden, welche ihnen zusagen und welche nicht. Leider teilen wir einen ähnlichen Geschmack, sie mögen alles, was mir gefällt, und lassen die Dinge stehen, die mir nicht so gefallen.

Mein Vater hat einen Großteil seiner Gartenzeit damit verbracht, diesen Viechern auf den Leim zu gehen, er hat leider nie die Oberhand gewonnen. Seit es meinen Vater nicht mehr gibt, habe ich seinen Platz im Kampf gegen die Biester eingenommen, allerdings wird mein Verlangen nach Rache mit jedem Jahr moderater; es gibt eine feine Balance, wir arrangieren uns, die Wühlmaus und ich, und seitdem geht es besser. Wenn sie aber wie so häufig alle meine schönen Kletterbohnen aus reiner Schadenfreude so untertunnelt hat, dass die Wurzeln vertrocknen und ich keine Bohnen ernten kann, dann muss ich mich schon sehr zusammenreißen. Mein Verstand sagt mir zwar, dass eine Wühlmaus mit Schadenfreude nichts am Hut hat, aber meine Mordgelüste werden dadurch nur schwerlich besänftigt. Überhaupt sind Schädlinge mit dem Verstand im Garten nicht so einfach in Einklang zu bringen. Wenn ich nicht Gärtnerin wäre, würde ich zum Buddhismus tendieren, nur passt der so furchtbar schlecht zum Gärtnern.

Kleiner Tipp: Wer sich von einer Plage bedroht fühlt, sollte im Herbst und Winter versuchen, die Tiere mit Fallen zu entsorgen. Sie sind winteraktiv, deshalb zu dieser Jahreszeit hungriger als im Sommer und freuen sich über ein Stückchen Karotte in der Falle. Im Sommer haben sie so viel zu fressen, da habe ich sie schon manchmal über meine Möhrenfallen lachen gehört. Maulwürfe dagegen empfinde ich persönlich als nicht so schlimm, aber ich bin ja auch kein Rasenfetischist, und außerdem stehen sie unter Naturschutz. Es stört mich nicht, die paar Haufen ab und an glatt zu harken, und aus Wiese machen sie sich nichts. Ist also alles eine Sache der Perspektive.

Natürlich gibt es noch Tausende anderer kleiner Viecher, die versuchen, einem das Leben im Garten schwer zu machen, aber das ist in den allermeisten Fällen selbstverschuldet. Denn wer sich nicht darum kümmert, genügend Nützlingen eine Überwinterungsmöglichkeit zu geben, muss sich nicht wundern, wenn im Frühjahr keine Vögel oder Marienkäfer da sind, um die Läuse von den Rosen zu fressen. Grundsätzlich kann man sagen, dass ein Garten mit einer gesunden ökologischen Balance in der Regel weniger befallen ist als einer, aus dem alles herausgeharkt und -getragen wurde und in dem gegen Insekten gespritzt wird. Denn wie eine Kopfschmerztablette nie nur im Kopf den Schmerz betäubt, kann man auch davon ausgehen, dass ein Insektizid gegen die Raupe des Buxuszünslers auch viele andere Raupen von nützlichen Schmetterlingen und Motten vernichtet.

Wenn also zum Beispiel eine Rose Läuse hat, sollte man den Fehler erst einmal nicht bei der Rose suchen, sondern bei sich selbst. Läuse, oder überhaupt Pflanzenkrankheiten, sind wie beim Menschen immer auch Anzeichen für ein geschwächtes Immunsystem. Wird die Rose nach dem Winter und im Austrieb nicht ab und an von Hand gegossen – zusätzlich zum Regen –, werden ihre neuerworbenen Blätter schwach, weich und anfällig für Läuse. Einer kranken und geschwächten Rose wird das Insektizid nicht helfen, sie bräuchte nur Wasser und Dünger, aber allein hat sie zu diesen Dingen keinen Zugang. Ich möchte hier auf keinen Fall die Chemie verteufeln, aber sie funktioniert nur, wenn wir alles andere richtig machen; sie ist kein Wundermittel, weder für die Pflanze noch für den Menschen. In der Balance liegt die Kraft.

Der Vorgarten

Mein Kopf hat eine ganz besonders unangenehme Eigenschaft: Er dreht sich nach jedem noch so kleinen Stückchen Land um, und ob ich es will oder nicht, beginnt mein Gehirn zu planen. Sehr schlimm ist es bei hässlichen Vorgärten, weil die ja vielerorts besonders einsehbar sind. Früher, als ich noch nicht so viel mit eigenen Projekten beschäftigt war, haben sie mir schlaflose Nächte bereitet, weil sie sich so intensiv in mein Gedächtnis eingenistet hatten, dass sie mich erst wieder freigaben, wenn ich die Planung dieser wildfremden Gärten fertig hatte. Nur zu gern hätte ich dann eine kleine Karte in den Briefkasten der Besitzer geworfen mit der Notiz, dass sie, bei Interesse, eine Vorgartenplanung bei mir abholen könnten. Habe ich mich aber nie getraut, und heute finde ich dafür kaum noch Zeit.

Der Vorgarten ist noch immer das hässliche Entlein der deutschen Gartenkultur. Mitunter gibt es selbstverständlich auch hier und da ein schönes Exemplar, aber das Gros ist eine Katastrophe, und der neue Trend der Vorgartenkiesschüttungen ist schlichtweg »ohne Worte«. Was denken sich die Menschen bloß, die einem ahnungslosen Gartenbesitzer eine Lastwagenladung glänzender Flusskiesel in den Vorgarten kippen? Mich macht das sprachlos. Warum macht sich niemand die Mühe und versucht den verzweifelten Vorgartenbesitzer zu etwas mehr zu ermutigen? In den wenigsten Fällen ist nämlich der Gartenbesitzer schuld, sondern der beratende Gärtner oder Gartenbauer. Es ist doch unsere Aufgabe, die Menschen, die sich vor zu viel Arbeit im Garten fürchten, in dem Dilemma abzuholen und ihnen zu erklären, dass es sowohl für die Fauna als auch für ihr eigenes Leben bereichernder wäre, den Vorgarten zu bepflanzen, als ihn mit Geröll zuzuschütten. Es ist richtig, dass Rasen im Vorgarten völlig überbewertet wird, denn wer gärtnert schon gerne vor der Nase des vorbeilaufenden Publikums. Ich nicht. Aber es gibt zwischen pflegeaufwendigem Rasen und ökologisch totem Geröll ganz viele auch sehr pflegeleichte Varianten. Und ganz häufig stelle ich fest, dass die Menschen eigentlich keine sterilen Lösungen wollen und sich den Garten einfach nur nicht zutrauen. Da können wir doch helfen, rufen Sie uns an!

Es sind aber leider nicht nur die Geröllgärten, die mich traurig machen, häufig reicht schon ein ungeliebter, vernachlässigter Vorgarten vor einem schönen Haus. Schiefe, im Kreuzverband gelegte Betonsteinplatten aus den 60er-Jahren bahnen sich einen Weg durch geharktes Moos bis zur Haustür, und abends wird der Weg dann auch noch von geschmacklosen, selbstleuchtenden Solarsteinen mehr schlecht als recht ausgeleuchtet. Dann frage ich mich: Warum denn nun im Vorgarten so minimalistisch – oder vielmehr, warum unternehmen Sie nichts? Sie leben in einem so schönen Haus, fahren häufig ein großes, gepflegtes Auto, laufen aber jeden Tag durch dieses ungeliebte Stückchen Land.

Ich möchte hier und heute für den Vorgarten eine Lanze brechen. Vielleicht kann ich diese Menschen mit meinem Lieblingssatz von Vita Sackville-West, der Besitzerin von Sissinghurst, von einem neuen Lebensgefühl überzeugen. Sie hat einmal geschrieben: »Der Vorgarten hat die Aufgabe, einen morgens mutig ins Leben zu entlassen und abends wieder liebevoll zu empfangen!« Ich liebe dieses Bild des Mut gebenden Vorgartens, der einen abends glücklich willkommen heißt, zumal die meisten Menschen vergessen, dass der Vorgarten ja der Bereich ist, den sie am häufigsten durchqueren. Man geht in einem Jahr mindestens 730-mal – einmal morgens und einmal abends – durch den Vorgarten, und wer mit Kindern das Haus teilt, läuft bestimmt an die 2150-mal durch das Stück Garten vor dem Haus. Von daher würde es sich durchaus lohnen, es ein wenig schöner zu gestalten – vor allem für sich und nicht nur für die Nachbarn.

Am liebsten würde ich mich mal ein paar Jahre auf Vorgärten spezialisieren, weil die so viel Freude ins Leben ihrer Besitzer bringen könnten. Manchmal werde ich in Gärten gerufen, um Abhilfe zu leisten, und auf dem Weg durch den Vorgarten zur Haustür habe ich meist auch schon ein paar Ideen. Doch wenn mir dann geöffnet wird, empfängt mich die Hausdame oder der Hausherr mit den Worten: »Kommen Sie durch, der zu gestaltenden Garten ist hinten.«

»Ach«, traue ich mich zu erwidern, »und vorne sind Sie schon ganz zufrieden?«

»Ja, doch, eigentlich schon. Wissen Sie, da haben wir schon einiges versucht, da wächst leider nichts. Schauen Sie sich allein den mickrigen Rasen an.«

Tja, und der hat – wie ja schon beschrieben – im Vorgarten nichts zu suchen. Aber egal, so leicht gebe ich nicht auf. Ich fertige dann einfach auch eine Skizze für den Vorgarten an und lege sie beim nächsten Treffen mit vor – oft zum Erstaunen der Gartenbesitzer, denn sie konnten sich nicht vorstellen, dass solche Pracht in ihrem schattigen Vorgarten möglich wäre.

Natürlich ist es möglich, aus jedem Stückchen Land ein kleines Paradies zu machen; die Voraussetzung dazu ist einzig und allein der Wille. Gerade im städtischen Raum – und nicht nur in Berliner Vorgärten – fällt es immer häufiger auf, dass die Humusschicht gänzlich verschwunden ist, alles weggeblasen. Außer Moos möchte sich da nicht einmal Spontanvegetation ansiedeln. An wie vielen kränkelnden Pflanzen in traurig aussehenden Vorgärten ich wohl noch vorbeifahren muss, bis die Hausmeister, Gärtner und Besitzer begreifen, dass sie es in der Hand haben, etwas zu ändern! Weniger harken wäre ein guter Anfang, dann kommt wenigstens wieder Humus in den Garten, und dann wächst auch bald wieder etwas.

Für den Engländer ist der Vorgarten essenziell. Er ist nicht nur der Garten, durch den man täglich mindestens zweimal geht, und das an mindestens 360 Tagen im Jahr, sondern besonders im Winter ist er der einzige Gartenteil, den man überhaupt durchquert. Das ist für den Engländer Anlass genug, den Vorgarten, besonders für die dunklen Monate Oktober bis März, schön zu gestalten, also mit Pflanzen, die trotz kurzer Tage blühen, wie zum Beispiel die Zaubernuss und der Duftschneeball, oder Pflanzen, die eine schöne Winterstruktur haben wie viele Gräser oder Ballhortensien (wenn man sie nicht verfrüht abgeschnitten hat).

Ganz besonders wichtig sind für diesen Gartenbereich auch die frühen Charmeure. Damit sind alle frühblühenden Zwiebeln gemeint, die bereits im Februar aus der Erde kommen, wie Winterlinge und Schneeglöckchen; dann geht es weiter mit Krokussen, Puschkinien, Traubenhyazinthen bis hin zu den Narzissen. Nach den Narzissen, also so ab April, sollten dann bodenbedeckende Stauden wie Storchenschnabel oder Ähnliches eine grüne Decke über den Boden des Vorgartens legen, denn von da an gilt das Hauptaugenmerk dem hinteren Garten. Der Vorgarten sollte sich ab diesem Zeitpunkt mehr oder weniger um sich selbst kümmern können, nachdem die Ballhortensien und die Gräser im März zurückgeschnitten wurden.

Für mich gibt es nichts Schöneres als in der längsten Jahreszeit, dem Winter, durch einen schönen, noch nicht leer geblasenen Vorgarten nach Hause zu kommen.

Sie können es sich nicht so richtig vorstellen? Na, dann kommen Sie einfach vorbei, wir zeigen es Ihnen gerne.

Zum Schluss

Man kann über Gärten und das Gärtnern viel spekulieren, aber eins steht fest: Leidenschaftlich Gärtnernde werden sehr alt. Ob Gertrude Jekyll, Beth Chatto oder Karl Foerster, sie haben es alle bis weit in die 90er-Lebensjahre geschafft. Und ich gehe ganz fest davon aus, dass dies vor allem damit zu tun hat, dass gärtnernde Menschen lernen, sehr langfristig zu denken, und bereits beim Setzen eines Saatkorns den fertigen Apfel vor Augen haben. Mit anderen Worten, das Gärtnern ermutigt zur Zuversicht, und Zuversicht macht, ganz ohne Zweifel, sehr glücklich.

Dass Gärtnern angeblich glücklich macht, steht ja vielerorts so geschrieben – nur *wie* es das macht, ist noch nicht so ganz erkundet. Ich für mich habe aber entschieden, dass der Garten ein guter Spiegel meines Egos ist. Vernachlässige ich ihn, zeigt er sich gnadenlos von seiner schlechtesten Seite und macht mir das Leben schwer; gehe ich liebevoll mit ihm um, bemüht auch er sich, mir seine beste Seite zu zeigen. Der Garten irrt sich nicht, und fast alle Dinge, die darin falsch laufen, haben wenig mit ihm zu tun, sondern fast ausschließlich mit seinem Besitzer.

Wer im Garten erfolgreich sein möchte, der sollte es mal mit einem altruistischen Ansatz versuchen, jener Eigenschaft, die voraussetzt, eventuell mehr einzusetzen, als man wieder herausholt.

Für viele Menschen leider undenkbar, weil sich ja immer alles amortisieren muss. So oft werde ich gefragt, wie lange denn die Pflanze leben wird, die der Kunde in der Hand hält, und nicht, wie viel Freude sie ihm in der Zeit, in der sie im Garten ist, machen wird. Das wäre eine wesentlich bessere Frage, denn im Garten geht es nicht um Ertrag und Ernteausgleich oder Subventionen für ausgefallene Ernten, sondern einzig und allein um das Herzensglück und die Seele. Obwohl der Mehrwert eines Gartens nicht in Summe gemessen werden kann, behaupte ich doch guten Gewissens: Das Glück, das man aus einem schönen Garten ziehen kann, ist nicht messbar, aber unbedingt sichtbar.

All das im Hinterkopf habend gibt es allerdings noch ein letztes Geheimnis: Gärtnern Sie für sich, machen Sie nur, was und wie es Ihnen gefällt, gärtnern Sie nicht für Nachbarn, Schwiegermütter beziehungsweise -väter oder Freunde, machen Sie es nur für sich. Es ist Ihr Garten, Sie sollen sich dort wohlfühlen.

Ich würde mich freuen, wenn Ihnen dieses kleine Büchlein Mut gemacht hat, die Sache mit dem Garten etwas gelassener anzugehen. Also seltener zu harken, weniger herunterzuschneiden und einfach die Pflanzen mehr in Ruhe zu lassen. Stehen Sie zu Ihrem Tun! Und dann bitte mit einer großen Portion Zuversicht, die hilft immer, und – um auch mit Karl Foerster zu enden, denn der hat es in einen einzigen Satz gefasst –: »Wer mit seinem Garten schon zufrieden ist, der hat ihn nicht verdient.«